国家骨干高职院校建设项目化教学规划教材
城市轨道交通运营管理专业项目化教材

城轨客运组织
学生工作页

CHENGGUI KEYUN
ZUZHI XUESHENG GONGZUOYE

张晓玲　李攀科 ◎ 编著

西南交通大学出版社
·成　都·

图书在版编目(CIP)数据

城轨客运组织学生工作页 / 张晓玲，李攀科编著. —成都：西南交通大学出版社，2014.9（2017.7 重印）
国家骨干高职院校建设项目化教学规划教材. 城市轨道交通运营管理专业项目化教材
ISBN 978-7-5643-3471-0

Ⅰ. ①城… Ⅱ. ①张… ②李… Ⅲ. ①城市铁路－行车组织－高等职业教育－教材 Ⅳ. ①U239.5

中国版本图书馆 CIP 数据核字（2014）第 220419 号

国家骨干高职院校建设项目化教学规划教材
城市轨道交通运营管理专业项目化教材
城轨客运组织学生工作页
张晓玲　李攀科　编著

责任编辑	张华敏
特邀编辑	杨开春　鲁会茹
封面设计	何东琳设计工作室
出版发行	西南交通大学出版社 （四川省成都市二环路北一段 111 号 西南交通大学创新大厦 21 楼）
发行部电话	028-87600564　028-87600533
邮政编码	610031
网　　址	http://www.xnjdcbs.com
印　　刷	成都中铁二局永经堂印务有限责任公司
成品尺寸	185 mm × 260 mm
印　　张	12.25
字　　数	308 千字
版　　次	2014 年 9 月第 1 版
印　　次	2017 年 7 月第 3 次
书　　号	ISBN 978-7-5643-3471-0
定　　价	29.80 元

国家骨干高职院校建设
项目化教学规划教材编委会

城市轨道交通运营管理专业项目化教材
——《城轨客运组织学生工作页》编委会

前　言

“城轨客运组织”是城市轨道交通运营管理专业的一门专业核心课程，在培养城轨运营服务人才方面起着举足轻重的作用。为了满足高等职业教育迅速发展的需要，适应国家高职高专骨干院校重点建设专业——城市轨道交通运营管理专业——的建设要求，我校组织了企业专家和有经验的专业教师对城市轨道交通运输企业的新发展、行业人才需求进行了深入调查和研究，在此基础上推出了“城市轨道交通运营管理专业”骨干建设项目化系列教材，本书是其中之一。

本书作为“城轨客运组织”课程的配套教材，内容从城市轨道交通车站服务岗位工作要求出发，采用“项目导入、任务驱动”的项目化教学方式编写，体现了“基于工作过程”、“教、学、做”一体化的教学理念和实践特点。本书以城轨站务员站台巡视岗、城轨站务员站厅巡视岗、城轨站务员客服中心岗、城轨客运值班员岗、城轨值班站长岗等的客运组织工作岗位职责为平台，内容划分为 8 个项目，共有 39 个任务，具体内容包括：

1. 城市轨道交通线路与车站设计，学习实践线路与车站位置设计、车站类型及规模设计、车站组成及总体设计知识。

2. 城市轨道交通车站设施设备，学习实践自动售/检票设备、车站列车信息、车站综合信息服务、列车设施设备、车站屏蔽门系统、车站环控系统的相关知识。

3. 城市轨道交通运输计划，学习实践客流计划、全日行车计划、车辆配备计划、列车交路计划的相关知识。

4. 城市轨道交通车站运作管理，学习实践站务员客服中心岗的岗位职责及作业流程、站务员巡视岗的岗位职责及作业流程、客运值班员的岗位职责及作业流程、值班站长的岗位职责及作业流程、车站日常运作管理的相关知识。

5. 城市轨道交通车站客运组织工作，学习实践日常客流组织、大客流组织、突发事件客流组织的相关知识。

6. 城市轨道交通客流调查预测与分析，学习实践客流认知、客流调查、客流分析、客流预测的相关知识。

7. 城市轨道交通乘客事务处理，学习实践乘客投诉处理、乘客轻微客伤处理、乘客失物处理、乘客物品掉落轨道的处理等相关知识。

8. 突发事件处理，学习实践屏蔽门故障处理、列车车门/屏蔽门夹人夹物处理、地铁道床伤亡处理、电梯事件处理、紧急解锁手柄或呼叫按钮被拉/按下的处理、车站水灾和线路积水的处理、车站全部进/出站闸机故障的处理、车站全部自动售票机故障的处理、车站全站停电的处理、城轨交通火灾的处理等相关知识。

每个项目按照学习性工作任务、实践性工作任务两部分内容展开。学生通过从课本、教师课堂授课、网络等方式完成学习性工作任务，之后按照实践任务给出的内容完成实践性工作任务，最后汇报总结和评比。

本书可作为高职高专城市轨道交通运营管理专业的教材，还可以作为成人高等院校、各类培训学校相关专业及轨道运输企业职工培训的教材。

本书由郑州铁路职业技术学院的张晓玲、李攀科编著，其中，李攀科编写项目一、项目二、项目五、项目六，张晓玲编写项目三、项目四、项目七、项目八。

在本书的编写过程中，郑州市轨道交通有限公司运营分公司、天津市地下铁道集团有限公司、广州市地下铁道总公司、南京地铁集团有限公司、郑州铁路局郑州车站、郑州东车站、洛阳龙门车站、洛阳车站等企业的许多专家及业务能手给与了大力帮助与支持，提出了许多宝贵意见，在此表示衷心地感谢。

由于编者水平所限，书中难免存在不足之处，恳请读者批评指正。

编　者

2014 年 6 月

目　录

项目一
城市轨道交通线路与车站设计

任务一　城市轨道交通线路与车站位置设计

【学生工作页】　(1–1)

<table>
<tr><td>班级：</td><td colspan="2">学号：</td><td>姓名：</td><td>小组：</td></tr>
<tr><td>学习性工作任务</td><td colspan="4">1.1　城市轨道交通线路与车站位置设计</td></tr>
<tr><td>实践性工作任务</td><td colspan="3">对某个城市进行线路与车站位置设计</td><td>参考学时：2</td></tr>
<tr><td colspan="5">【知识技能要求】
1. 熟悉城市轨道交通线路与车站位置设计原则。
2. 了解影响轨道站点布设的主要因素。
3. 能利用相关知识进行简单的线路与车站位置设计。</td></tr>
<tr><td>资讯：任务准备阶段</td><td colspan="4">【引导文】
1. 城市轨道交通线路位置的设计原则？</td></tr>
</table>

资讯：任务准备阶段	2. 城市轨道交通线路与其他交通线路的衔接原则？ 3. 城市轨道交通车站位置设计的原则？ 4. 影响轨道站点布设的主要因素？

<table>
<tr><td rowspan="3">计划与决策：任务实施方案制定阶段</td><td>查阅资料获取信息</td><td colspan="2">1. 复习《城市轨道交通概论》中与客运相关的章节内容。
2. 参考《城市轨道交通客运组织》(机械工业出版社，裴瑞江)中的相关内容。
3. 浏览郑州、广州、上海地铁等网站，了解各城市地铁线路和车站位置的设置。</td></tr>
<tr><td>教师指导任务要点</td><td colspan="2">1. 通过“引导文”学习本任务应掌握的知识要点。
2. 能利用相关知识进行简单的线路与车站位置设计。
3. 能为既有车站的位置设计提出建议。</td></tr>
<tr><td>任务实施方案制定</td><td colspan="2"></td></tr>
<tr><td rowspan="3">任务实施</td><td colspan="2">时间：</td><td>地点：</td></tr>
<tr><td colspan="3">实施要点：</td></tr>
<tr><td colspan="3">实施过程记录另附。</td></tr>
<tr><td>评价</td><td colspan="3">通过个人工作页的完成质量，结合小组代表成果展示，完成本次工作任务的检查与评价。
自评分数：
组内互评：

评价人	组员一	组员二	组员三	组员四	组员五	组员六	组员七	组员八	总评
得分									

小组互评：

组名	第一组	第二组	第三组	第四组	第五组	第六组	第七组
得分							
组名	第八组	第九组	第十组	第十一组	第十二组	第十三组	第十四组
得分							

个人总评：</td></tr>
</table>

【任务实践指导】　对规划中的洛阳地铁进行线路与车站位置设计

任务描述

1. 根据给定的城市交通示意图及城市建设总体规划和城市客运交通规划，结合已学知识，合理设计城市轨道交通线路位置图。

2. 根据设计的城市轨道交通线路位置图，进一步设计每条线路上各车站的位置图。

3. 上述任务完成后，进行小组自评和互评，最后教师讲评，取长补短，开拓完善知识内容。

职业岗位

站务员、车站值班员、值班站长、地铁公司相关管理人员等应掌握此任务。

实践指导

1. 实训场地、设备及人员安排

(1) 场地、工具准备：教室、站务综合实训室，网络资源。

(2) 人员安排：学生按人数分为 6 ~ 8 人一组，查找资料、讨论方案。

2. 实践考核

分小组以 PPT 形式汇报任务结果。

任务二　城市轨道交通车站的类型及规模设计

【学生工作页】　(1–2)

<table>
<tr><td>班级：</td><td>学号：</td><td>姓名：</td><td>小组：</td></tr>
<tr><td>学习性工作任务</td><td colspan="3">1.2　城市轨道交通车站的类型及规模设计</td></tr>
<tr><td>实践性工作任务</td><td colspan="2">对某个城市进行城轨车站的类型及规模设计</td><td>参考学时：2</td></tr>
<tr><td colspan="4">【知识技能要求】
1. 掌握城市轨道交通车站的分类。
2. 掌握城市轨道交通车站规模的划分原则。
3. 能根据车站远期预测客流及所处位置确定车站规模。</td></tr>
<tr><td>资讯：任务准备阶段</td><td colspan="3">【引导文】
1. 城市轨道交通车站的类型有哪些？

2. 城市轨道交通车站的规模分为几个等级？</td></tr>
</table>

<table>
<tr><td>资讯：任务准备阶段</td><td colspan="3">3. 影响城市轨道交通车站规模设计的因素有哪些？</td></tr>
<tr><td rowspan="3">计划与决策：</td><td rowspan="3">任务实施方案制定阶段</td><td>查阅资料
获取信息</td><td>1. 复习《城市轨道交通概论》中与客运相关的章节内容。
2. 参考《城市轨道交通客运组织》(机械工业出版社，裴瑞江)中的相关内容。
3. 浏览郑州、广州、上海地铁等网站，了解各城市地铁线路和车站的类型及规模特点。</td></tr>
<tr><td>教师指导
任务要点</td><td>1. 通过“引导文”学习本任务应掌握的知识要点。
2. 分析郑州地铁现有车站的规模。</td></tr>
<tr><td>任务实施
方案制定</td><td></td></tr>
</table>

<table>
<tr><td rowspan="3">任务实施</td><td>时间：</td><td>地点：</td></tr>
<tr><td colspan="2">实施要点：</td></tr>
<tr><td colspan="2">实施过程记录另附。</td></tr>
<tr><td>评价</td><td colspan="2">通过个人工作页的完成质量，结合小组代表成果展示，完成本次工作任务的检查与评价。
自评分数：
组内互评：
<table>
<tr><td>评价人</td><td>组员一</td><td>组员二</td><td>组员三</td><td>组员四</td><td>组员五</td><td>组员六</td><td>组员七</td><td>组员八</td><td>总评</td></tr>
<tr><td>得分</td><td></td><td></td><td></td><td></td><td></td><td></td><td></td><td></td><td></td></tr>
</table>
小组互评：
<table>
<tr><td>组名</td><td>第一组</td><td>第二组</td><td>第三组</td><td>第四组</td><td>第五组</td><td>第六组</td><td>第七组</td></tr>
<tr><td>得分</td><td></td><td></td><td></td><td></td><td></td><td></td><td></td></tr>
<tr><td>组名</td><td>第八组</td><td>第九组</td><td>第十组</td><td>第十一组</td><td>第十二组</td><td>第十三组</td><td>第十四组</td></tr>
<tr><td>得分</td><td></td><td></td><td></td><td></td><td></td><td></td><td></td></tr>
</table>
个人总评：</td></tr>
</table>

【任务实践指导】　对规划中的洛阳城轨交通进行车站类型及规模设计

任务描述

1. 根据所学知识，结合给定城市的发展规划、地理条件及经济状况，因地制宜地设计车站的类型。

2. 根据所设计的城市轨道交通车站类型，进一步设计该条线路上各车站的规模。

3. 上述任务完成后，进行小组自评和互评，最后教师讲评，取长补短，开拓完善知识内容。

职业岗位

站务员、车站值班员、值班站长、地铁公司相关管理人员等应掌握此任务。

实践指导

1. 实训场地、设备及人员安排

(1) 场地、工具准备：教室、站务综合实训室，网络资源。

(2) 人员安排：学生按人数分为 6 ~ 8 人一组，查找资料、讨论方案。

2. 实践考核

分小组以 PPT 形式汇报任务结果。

任务三 城市轨道交通车站的组成及总体布局设计

【学生工作页】 (1–3)

<table>
<tr><td>班级：</td><td>学号：</td><td>姓名：</td><td>小组：</td></tr>
<tr><td>学习性工作任务</td><td colspan="3">1.3 城市轨道交通车站的组成及总体布局设计</td></tr>
<tr><td>实践性工作任务</td><td colspan="2">通过参观了解郑州地铁车站的构成及总体布局设计</td><td>参考学时：2</td></tr>
<tr><td colspan="4">【知识技能要求】
1. 熟悉城市轨道交通车站的组成。
2. 熟悉城市轨道交通车站各部分布局设计要点。
3. 能利用相关知识对车站总体布局进行初步设计。
4. 能为既有车站设计提出有效建议。</td></tr>
<tr><td>资讯：任务准备阶段</td><td colspan="3">【引导文】
1. 城市轨道交通车站的组成？</td></tr>
</table>

资讯：任务准备阶段	2. 城市轨道交通车站总体布局的设计步骤?

<table>
<tr><td rowspan="3">计划与决策：任务实施方案制定阶段</td><td>查阅资料
获取信息</td><td>1. 复习《城市轨道交通概论》中与客运相关的章节内容。
2. 参考《城市轨道交通客运组织》(机械工业出版社，裴瑞江)中的相关内容。
3. 浏览郑州、广州、上海地铁等网站，了解各城市地铁线路和车站设施设备及车站总体布局。</td></tr>
<tr><td>教师指导
任务要点</td><td>1. 通过“引导文”学习本任务应掌握的知识要点。
2. 能为郑州地铁既有车站设计提出有效建议。</td></tr>
<tr><td>任务实施
方案制定</td><td></td></tr>
<tr><td rowspan="3">任务实施</td><td colspan="2">时间：　　　　　　　　地点：</td></tr>
<tr><td colspan="2">实施要点：</td></tr>
<tr><td colspan="2">实施过程记录另附。</td></tr>
<tr><td>评价</td><td colspan="2">通过个人工作页的完成质量，结合小组代表成果展示，完成本次工作任务的检查与评价。
自评分数：
组内互评：
<table>
<tr><td>评价人</td><td>组员一</td><td>组员二</td><td>组员三</td><td>组员四</td><td>组员五</td><td>组员六</td><td>组员七</td><td>组员八</td><td>总评</td></tr>
<tr><td>得分</td><td></td><td></td><td></td><td></td><td></td><td></td><td></td><td></td><td></td></tr>
</table>
小组互评：
<table>
<tr><td>组名</td><td>第一组</td><td>第二组</td><td>第三组</td><td>第四组</td><td>第五组</td><td>第六组</td><td>第七组</td></tr>
<tr><td>得分</td><td></td><td></td><td></td><td></td><td></td><td></td><td></td></tr>
<tr><td>组名</td><td>第八组</td><td>第九组</td><td>第十组</td><td>第十一组</td><td>第十二组</td><td>第十三组</td><td>第十四组</td></tr>
<tr><td>得分</td><td></td><td></td><td></td><td></td><td></td><td></td><td></td></tr>
</table>
个人总评：</td></tr>
</table>

【任务实践指导】　绘制郑州地铁某一车站的站厅、站台布置示意图

任务描述

1. 带领学生参观郑州地铁站，学生分组绘制某一车站的站厅、站台布置示意图。站厅设备包括：必选(自动售票机、自动充值机、验票机、进出站闸机、票亭)、可选(商铺、自助银行、洗手间、自动售货机、公用电话)。站台设备包括：站台和轨道线路的位置关系(侧式、岛式、混合式)、管理用房等。

2. 上述任务完成后，进行小组自评和互评，最后教师讲评，取长补短，开拓完善知识内容。

职业岗位

站务员、车站值班站长、行车值班员、地铁公司相关管理人员等应掌握此任务。

实践指导

1. 实训场地、设备及人员安排

(1) 场地、工具准备：郑州地铁车站，纸、笔、尺子。
(2) 人员安排：学生按人数分为 6 ~ 8 人一组，参观并绘制出车站站厅、站台布置示意图。

2. 实践考核

提交车站站厅、站台布置示意图或以 PPT 形式展示绘制成果。

项目二
城市轨道交通车站设施设备

任务一　自动售/检票设备

【学生工作页】　(2–1)

班级：	学号：	姓名：	小组：
学习性工作任务	2.1　城市轨道交通自动售/检票设备		
实践性工作任务	理论学习中安排现场参观或放视频，使学生了解城轨车站自动售/检票设备的布置原则。	参考学时：2	
【知识技能要求】 1. 了解城市轨道交通自动售/检票系统的组成。 2. 熟悉城市轨道交通车站自动售/检票设备的布置原则。 3. 掌握城市轨道交通车站自动售/检票设备的操作方法。			
资讯：任务准备阶段	【引导文】 1. 城市轨道交通自动售/检票系统的构成？ 2. 城市轨道交通自动售/检票系统的终端设备有哪些？ 3. 城市轨道交通自动售/检票设备的布置原则？		

<table>
<tr><td rowspan="3">计划与决策：</td><td rowspan="3">任务实施方案制定阶段</td><td>查阅资料
获取信息</td><td colspan="2">1. 复习《城市轨道交通概论》中与客运相关的章节内容。
2. 参考《城市轨道交通客运组织》(机械工业出版社，裴瑞江)中的相关内容。
3. 浏览郑州、广州、上海地铁等网站，了解各城市地铁线路和车站设施设备的布置原则。</td></tr>
<tr><td>教师指导
任务要点</td><td colspan="2">1. 通过“引导文”学习本任务应掌握的知识要点。
2. 参观并理解城市轨道交通车站自动售/检票设备的布置原则。
3. 城市轨道交通车站自动售/检票设备的操作方法。</td></tr>
<tr><td>任务实施
方案制定</td><td colspan="2"></td></tr>
<tr><td rowspan="3">任务实施</td><td colspan="3">时间：</td><td>地点：</td></tr>
<tr><td colspan="4">实施要点：</td></tr>
<tr><td colspan="4">实施过程记录另附。</td></tr>
<tr><td>评价</td><td colspan="4">通过个人工作页的完成质量，结合小组代表成果展示，完成本次工作任务的检查与评价。
自评分数：
组内互评：
<table>
<tr><td>评价人</td><td>组员一</td><td>组员二</td><td>组员三</td><td>组员四</td><td>组员五</td><td>组员六</td><td>组员七</td><td>组员八</td><td>总评</td></tr>
<tr><td>得分</td><td></td><td></td><td></td><td></td><td></td><td></td><td></td><td></td><td></td></tr>
</table>
小组互评：
<table>
<tr><td>组名</td><td>第一组</td><td>第二组</td><td>第三组</td><td>第四组</td><td>第五组</td><td>第六组</td><td>第七组</td></tr>
<tr><td>得分</td><td></td><td></td><td></td><td></td><td></td><td></td><td></td></tr>
<tr><td>组名</td><td>第八组</td><td>第九组</td><td>第十组</td><td>第十一组</td><td>第十二组</td><td>第十三组</td><td>第十四组</td></tr>
<tr><td>得分</td><td></td><td></td><td></td><td></td><td></td><td></td><td></td></tr>
</table>
个人总评：</td></tr>
</table>

【任务实践指导】　参观并了解郑州地铁车站自动售/检票设备的布置情况

任务描述

1. 在理论学习后参观郑州地铁车站，了解各站自动售票机和进、出站闸机的布置原则。
2. 学会操作基本的自动售/检票设备。
3. 根据所学知识，结合给定车站的具体状况，自行设计自动售/检票机的数量，并注明位置。

职业岗位

站务员、车站值班员、值班站长、地铁公司相关管理人员等应掌握此任务。

实践指导

1. 实训场地、设备及人员安排

(1) 场地、工具准备：郑州地铁车站，纸、笔。

(2) 人员安排：学生按人数分为 6 ~ 8 人一组。

2. 实践考核

在车站利用自动售/检票设备进行现场操作考核。

任务二 车站、列车信息

【学生工作页】 (2–2)

<table>
<tr><td>班级：</td><td>学号：</td><td>姓名：</td><td>小组：</td></tr>
<tr><td>学习性工作任务</td><td colspan="3">2.2 车站、列车信息</td></tr>
<tr><td>实践性工作任务</td><td colspan="2">根据给定车站、列车设备设施的布置状况，设计信息揭示、信息标识</td><td>参考学时：2</td></tr>
<tr><td colspan="4">【知识技能要求】
1. 掌握各类信息标识的设置原则。
2. 熟悉信息标识和导向标识的分类。
3. 收集郑州地铁某站的车站、列车信息标志。</td></tr>
<tr><td>资讯：任务准备阶段</td><td colspan="3">【引导文】
1. 信息标识的分类？</td></tr>
</table>

<table>
<tr><td>资讯：任务准备阶段</td><td colspan="2">2. 导向标识的设计原则和设计形式？

3. 导向标识的分类？</td></tr>
<tr><td rowspan="3">计划与决策：任务实施方案制定阶段</td><td>查阅资料获取信息</td><td>1. 复习《城市轨道交通概论》中与客运相关的章节内容。
2. 参考《城市轨道交通客运组织》(机械工业出版社，裴瑞江)中的相关内容。
3. 浏览郑州、广州、上海地铁等网站，了解各城市地铁线路和车站设施设备及车站、列车信息布置情况。</td></tr>
<tr><td>教师指导任务要点</td><td>1. 通过“引导文”学习本任务应掌握的知识要点。
2. 参观并收集郑州地铁车站、列车信息标志。</td></tr>
<tr><td>任务实施方案制定</td><td></td></tr>
</table>

<table>
<tr><td rowspan="3">任务实施</td><td>时间：</td><td>地点：</td></tr>
<tr><td colspan="2">实施要点：</td></tr>
<tr><td colspan="2">实施过程记录另附。</td></tr>
<tr><td>评价</td><td colspan="2">通过个人工作页的完成质量，结合小组代表成果展示，完成本次工作任务的检查与评价。
自评分数：
组内互评：
<table>
<tr><td>评价人</td><td>组员一</td><td>组员二</td><td>组员三</td><td>组员四</td><td>组员五</td><td>组员六</td><td>组员七</td><td>组员八</td><td>总评</td></tr>
<tr><td>得分</td><td></td><td></td><td></td><td></td><td></td><td></td><td></td><td></td><td></td></tr>
</table>
小组互评：
<table>
<tr><td>组名</td><td>第一组</td><td>第二组</td><td>第三组</td><td>第四组</td><td>第五组</td><td>第六组</td><td>第七组</td></tr>
<tr><td>得分</td><td></td><td></td><td></td><td></td><td></td><td></td><td></td></tr>
<tr><td>组名</td><td>第八组</td><td>第九组</td><td>第十组</td><td>第十一组</td><td>第十二组</td><td>第十三组</td><td>第十四组</td></tr>
<tr><td>得分</td><td></td><td></td><td></td><td></td><td></td><td></td><td></td></tr>
</table>
个人总评：</td></tr>
</table>

【任务实践指导】 设计信息揭示、信息标识

任务描述

1. 收集郑州地铁某站的车站、列车信息标志。

2. 根据所学知识，结合给定车站列车设备设施的布置状况，设计信息揭示内容，并注明信息揭示的位置。

职业岗位

站务员、车站值班员、值班站长、地铁公司相关管理人员等应掌握此任务。

实践指导

1. 实训场地、设备及人员安排

(1) 场地、工具准备：教室、郑州地铁车站，纸、笔、网络资源。

(2) 人员安排：学生按人数分为 6～8 人一组。

2. 实践考核

提交信息揭示、信息标识设计稿。

任务三　车站综合信息服务

【学生工作页】　(2–3)

<table>
<tr><td>班级：</td><td>学号：</td><td>姓名：</td><td>小组：</td></tr>
<tr><td>学习性工作任务</td><td colspan="3">2.3　车站综合信息服务</td></tr>
<tr><td>实践性工作任务</td><td colspan="2">根据给定车站情景，设计车站综合服务信息</td><td>参考学时：2</td></tr>
<tr><td colspan="4">【知识技能要求】
1. 了解 PIS 系统的结构、功能、布置位置，并掌握信息发布的内容和优先级别。
2. 掌握客运广播相关规定。
3. 能根据车站规模大小，合理布置 PIS 系统。
4. 能为客运广播确定发布时机及频率。</td></tr>
<tr><td>资讯：任务准备阶段</td><td colspan="3">【引导文】
1. 什么是乘客信息系统(PIS)？

2. PIS 发布信息的种类？</td></tr>
</table>

资讯：任务准备阶段	3. PIS 显示终端的位置？ 4. PIS 系统的结构和功能？ 5. 信息发布的优先级规则？

计划与决策：	任务实施方案制定阶段	查阅资料获取信息	1. 复习《城市轨道交通概论》中与客运相关的章节内容。 2. 参考《城市轨道交通客运组织》(机械工业出版社，裴瑞江)中的相关内容。 3. 浏览郑州、广州、上海地铁等网站，了解各城市地铁线路和车站设施设备及车站综合信息服务。
		教师指导任务要点	1. 通过“引导文”学习本任务应掌握的知识要点。 2. 根据给定的模拟情景，指导学生设计乘客信息系统的内容和呈现方式。
		任务实施方案制定	

任务实施		
	时间：	地点：
	实施要点：	
	实施过程记录另附。	

评价

通过个人工作页的完成质量，结合小组代表成果展示，完成本次工作任务的检查与评价。

自评分数：

组内互评：

评价人	组员一	组员二	组员三	组员四	组员五	组员六	组员七	组员八	总评
得分									

小组互评：

组名	第一组	第二组	第三组	第四组	第五组	第六组	第七组
得分							
组名	第八组	第九组	第十组	第十一组	第十二组	第十三组	第十四组
得分							

个人总评：

【任务实践指导】　根据指定情景设计乘客信息系统的内容

任务描述

1. 根据所学知识，结合给定车站列车设备设施的布置状况与给定的模拟情景，设计乘客信息系统的内容，并注明乘客信息系统的呈现方式。

2. 上述任务完成后，进行小组自评和互评，最后教师讲评，取长补短，开拓完善知识内容。

职业岗位

站务员、车站值班员、值班站长、地铁公司相关管理人员等应掌握此任务。

实践指导

1. 实训场地、设备及人员安排

(1) 场地、工具准备：教室、站务综合实训室，纸、笔。

(2) 人员安排：学生按人数分为 6 ~ 8 人一组。

2. 实践考核

提交指定情景下乘客信息系统的内容和呈现方式。

任务四　列车设施设备

【学生工作页】　(2–4)

<table>
<tr><td>班级：</td><td>学号：</td><td>姓名：</td><td>小组：</td></tr>
<tr><td>学习性工作任务</td><td colspan="3">2.4　列车设施设备</td></tr>
<tr><td>实践性工作任务</td><td colspan="2">根据给定车站、列车设备设施的布置状况和给定线路的远期客流预测量，设计客车的编组及选型</td><td>参考学时：2</td></tr>
<tr><td colspan="4">【知识技能要求】
1. 熟悉客车编组及选型原则，了解列车内设备设施种类。
2. 能根据给定的远期预测客流量，确定客车的编组及选型。</td></tr>
<tr><td>资讯：任务准备阶段</td><td colspan="3">【引导文】
1. 列车的编组形式？

2. A 型、B 型、C 型车车辆的技术经济特征？</td></tr>
</table>

<table>
<tr><td>资讯：任务准备阶段</td><td colspan="3">3. 城市轨道交通列车的应急设备都有哪些？</td></tr>
<tr><td rowspan="3">计划与决策：任务实施方案制定阶段</td><td>查阅资料
获取信息</td><td colspan="2">1. 复习《城市轨道交通概论》中与客运相关的章节内容。
2. 参考《城市轨道交通客运组织》(机械工业出版社，裴瑞江)中的相关内容。
3. 浏览郑州、广州、上海地铁等网站，了解各城市地铁线路和车站、列车的设施设备以及列车的编组及选型。</td></tr>
<tr><td>教师指导
任务要点</td><td colspan="2">1. 通过“引导文”学习本任务应掌握的知识要点。
2. 根据给定的线路远期客流预测量，指导学生设计客车的选型及编组。</td></tr>
<tr><td>任务实施
方案制定</td><td colspan="2"></td></tr>
<tr><td rowspan="3">任务实施</td><td colspan="2">时间：</td><td>地点：</td></tr>
<tr><td colspan="3">实施要点：</td></tr>
<tr><td colspan="3">实施过程记录另附。</td></tr>
</table>

<table>
<tr><td rowspan="9">评价</td><td colspan="10">通过个人工作页的完成质量，结合小组代表成果展示，完成本次工作任务的检查与评价。
自评分数：
组内互评：</td></tr>
<tr><td>评价人</td><td>组员一</td><td>组员二</td><td>组员三</td><td>组员四</td><td>组员五</td><td>组员六</td><td>组员七</td><td>组员八</td><td>总评</td></tr>
<tr><td>得分</td><td></td><td></td><td></td><td></td><td></td><td></td><td></td><td></td><td></td></tr>
<tr><td colspan="10">小组互评：</td></tr>
<tr><td>组名</td><td>第一组</td><td>第二组</td><td>第三组</td><td>第四组</td><td>第五组</td><td>第六组</td><td colspan="3">第七组</td></tr>
<tr><td>得分</td><td></td><td></td><td></td><td></td><td></td><td></td><td colspan="3"></td></tr>
<tr><td>组名</td><td>第八组</td><td>第九组</td><td>第十组</td><td>第十一组</td><td>第十二组</td><td>第十三组</td><td colspan="3">第十四组</td></tr>
<tr><td>得分</td><td></td><td></td><td></td><td></td><td></td><td></td><td colspan="3"></td></tr>
<tr><td colspan="10">个人总评：</td></tr>
</table>

【任务实践指导】　根据给定线路的远期客流预测量设计客车的编组数

任务描述

1. 根据所学知识，结合某条线路远期客流预测量、车辆选型及最小行车间隔确定列车编组数量。列车的编组数可按下列公式计算决定：

$$N=\frac{Q_{\max}T}{60D}$$

式中：N 为每列车编组辆数(辆)；$Q_{\max}$ 为高峰小时单向最大客流量(人/时)；T 为最小行车间隔(min)，D 为每辆车的定员数(人)。

2. 参观并了解列车内的设施设备。

职业岗位

站务员、车站值班员、值班站长、地铁公司相关管理人员等应掌握此任务。

实践指导

1. 实训场地、设备及人员安排

(1) 场地、工具准备：教室、站务综合实训室，纸、笔。

(2) 人员安排：学生按人数分为 6 ~ 8 人一组。

2. 实践考核

提交给定数据下列车的选型及编组数。

任务五　城市轨道交通车站屏蔽门系统

【学生工作页】　(2–5)

<table>
<tr><td>班级：</td><td>学号：</td><td>姓名：</td><td>小组：</td></tr>
<tr><td>学习性工作任务</td><td colspan="3">2.5　城市轨道交通车站屏蔽门系统</td></tr>
<tr><td>实践性工作任务</td><td colspan="2">根据给定的模拟情景确定屏蔽门系统的运行模式</td><td>参考学时：2</td></tr>
<tr><td colspan="4">【知识技能要求】
1. 熟悉屏蔽门的类型、组成，掌握其运行模式。
2. 能处理简单的屏蔽门故障。</td></tr>
<tr><td>资讯：任务准备阶段</td><td colspan="3">【引导文】
1. 屏蔽门系统的作用？

2. 屏蔽门的类型？</td></tr>
</table>

<table>
<tr><td>资讯：任务准备阶段</td><td colspan="2">3. 屏蔽门系统的组成？

4. 屏蔽门系统的运行模式？</td></tr>
<tr><td rowspan="3">计划与决策：任务实施方案制定阶段</td><td>查阅资料获取信息</td><td>1. 复习《城市轨道交通概论》中与客运相关的章节内容。
2. 参考《城市轨道交通客运组织》(机械工业出版社，裴瑞江)中的相关内容。
3. 浏览郑州、广州、上海地铁等网站，了解各城市地铁线路和车站设施设备以及屏蔽门的运行模式。</td></tr>
<tr><td>教师指导任务要点</td><td>1. 通过“引导文”学习本任务应掌握的知识要点。
2. 根据给定的情景确定屏蔽门系统的运行模式。</td></tr>
<tr><td>任务实施方案制定</td><td></td></tr>
</table>

<table>
<tr><td rowspan="3">任务实施</td><td>时间：</td><td>地点：</td></tr>
<tr><td colspan="2">实施要点：</td></tr>
<tr><td colspan="2">实施过程记录另附。</td></tr>
<tr><td>评价</td><td colspan="2">
通过个人工作页的完成质量，结合小组代表成果展示，完成本次工作任务的检查与评价。
自评分数：
组内互评：
<table>
<tr><td>评价人</td><td>组员一</td><td>组员二</td><td>组员三</td><td>组员四</td><td>组员五</td><td>组员六</td><td>组员七</td><td>组员八</td><td>总评</td></tr>
<tr><td>得分</td><td></td><td></td><td></td><td></td><td></td><td></td><td></td><td></td><td></td></tr>
</table>
小组互评：
<table>
<tr><td>组名</td><td>第一组</td><td>第二组</td><td>第三组</td><td>第四组</td><td>第五组</td><td>第六组</td><td>第七组</td></tr>
<tr><td>得分</td><td></td><td></td><td></td><td></td><td></td><td></td><td></td></tr>
<tr><td>组名</td><td>第八组</td><td>第九组</td><td>第十组</td><td>第十一组</td><td>第十二组</td><td>第十三组</td><td>第十四组</td></tr>
<tr><td>得分</td><td></td><td></td><td></td><td></td><td></td><td></td><td></td></tr>
</table>
个人总评：
</td></tr>
</table>

【任务实践指导】　根据给定的模拟情景确定屏蔽门系统的运行模式

任务描述

1. 老师给定一些车站和列车资料，设计一些模拟场景，如信号系统故障等；学生根据所学知识，确定屏蔽门系统的运行模式。

2. 上述任务完成后，进行小组自评和互评，最后教师讲评，取长补短，开拓完善知识内容。

职业岗位

站务员、车站值班员、值班站长、地铁公司相关管理人员等应掌握此任务。

实践指导

1. 实训场地、设备及人员安排

(1) 场地、工具准备：教室、站务综合实训室，纸、笔。

(2) 人员安排：学生按人数分为 6～8 人一组。

2. 实践考核

提交给定情景下屏蔽门系统的运行模式。

任务六　城市轨道交通车站环控系统

【学生工作页】　(2–6)

班级：	学号：	姓名：	小组：
学习性工作任务	2.6　城市轨道交通车站环控系统		
实践性工作任务	根据给定的车站情景确定车站环控系统的运行模式		参考学时：2
【知识技能要求】 1. 了解环控系统的功能。 2. 掌握环控系统运行模式。 3. 能根据给定场景确定环控系统运行模式。			
资讯：任务准备阶段	【引导文】 1. 环控系统的功能？ 2. 环控系统的分类？		

<table>
<tr><td rowspan="2">资讯：任务准备阶段</td><td colspan="2">3. 环控系统的运行方式？</td></tr>
<tr><td colspan="2">4. 环控系统的控制方式？</td></tr>
<tr><td rowspan="3">计划与决策：任务实施方案制定阶段</td><td>查阅资料获取信息</td><td>1. 复习《城市轨道交通概论》中与客运相关的章节内容。
2. 参考《城市轨道交通客运组织》(机械工业出版社，裴瑞江)中的相关内容。
3. 浏览郑州、广州、上海地铁等网站，了解各城市地铁线路和车站设施设备及车站环控系统的运行模式。</td></tr>
<tr><td>教师指导任务要点</td><td>1. 通过“引导文”学习本任务应掌握的知识要点。
2. 根据给定的车站情景确定车站环控系统的运行模式。</td></tr>
<tr><td>任务实施方案制定</td><td></td></tr>
</table>

<table>
<tr><td rowspan="3">任务实施</td><td>时间：</td><td>地点：</td></tr>
<tr><td colspan="2">实施要点：</td></tr>
<tr><td colspan="2">实施过程记录另附。</td></tr>
<tr><td>评价</td><td colspan="2">通过个人工作页的完成质量，结合小组代表成果展示，完成本次工作任务的检查与评价。
自评分数：
组内互评：
<table>
<tr><td>评价人</td><td>组员一</td><td>组员二</td><td>组员三</td><td>组员四</td><td>组员五</td><td>组员六</td><td>组员七</td><td>组员八</td><td>总评</td></tr>
<tr><td>得分</td><td></td><td></td><td></td><td></td><td></td><td></td><td></td><td></td><td></td></tr>
</table>
小组互评：
<table>
<tr><td>组名</td><td>第一组</td><td>第二组</td><td>第三组</td><td>第四组</td><td>第五组</td><td>第六组</td><td>第七组</td></tr>
<tr><td>得分</td><td></td><td></td><td></td><td></td><td></td><td></td><td></td></tr>
<tr><td>组名</td><td>第八组</td><td>第九组</td><td>第十组</td><td>第十一组</td><td>第十二组</td><td>第十三组</td><td>第十四组</td></tr>
<tr><td>得分</td><td></td><td></td><td></td><td></td><td></td><td></td><td></td></tr>
</table>
个人总评：</td></tr>
</table>

【任务实践指导】　根据给定的模拟情景确定车站环控系统的运行方式和控制方式

任务描述

1. 根据一些车站和列车资料，设计一些模拟场景，如列车在区间隧道阻塞等。
2. 根据所学知识，确定车站环控系统的运行方式和控制方式。

职业岗位

站务员、车站值班员、值班站长、地铁公司相关管理人员等应掌握此任务。

实践指导

1. 实训场地、设备及人员安排

(1) 场地、工具准备：教室、站务综合实训室，纸、笔。

(2) 人员安排：学生按人数分为 6～8 人一组。

2. 实践考核

提交给定情景下环控系统的运行方式和控制方式。

项目三
城市轨道交通运输计划

任务一　客流计划

【学生工作页】　(3–1)

<table>
<tr><td>班级：</td><td>学号：</td><td>姓名：</td><td>小组：</td></tr>
<tr><td>学习性工作任务</td><td colspan="3">3.1　客流计划</td></tr>
<tr><td>实践性工作任务</td><td colspan="2">计算客流量数据</td><td>参考学时：2</td></tr>
<tr><td colspan="4">【知识技能要求】
1. 掌握客流计划的作用。
2. 掌握客流计划的编制依据。
3. 依据站间到发客流量资料，分别计算出各站上下车人数和断面客流量数据。</td></tr>
<tr><td>资讯：任务准备阶段</td><td colspan="3">【引导文】
1. 什么是客流？

2. 什么是客流计划？</td></tr>
</table>

<table>
<tr><td>资讯：任务准备阶段</td><td colspan="2">3. 客流计划的编制依据？

4. 客流计划的主要内容？</td></tr>
<tr><td rowspan="3">计划与决策：任务实施方案制定阶段</td><td>查阅资料获取信息</td><td>1. 复习《城市轨道交通概论》中关于客流计划的章节内容。
2. 参考《城市轨道交通系统运营管理》(人民交通出版社，毛宝华)中的相关内容。
3. 浏览北京、广州、上海、深圳、南京、沈阳地铁等网站，查找各公司关于客流、客流计划、高峰小时断面客流等方面的相关资料。</td></tr>
<tr><td>教师指导任务要点</td><td>1. 通过“引导文”学习本任务应掌握的知识要点。
2. 应明确站间到发客流量的相关数据所反映的断面客流量。
3. 统计各站上下车人数时，注意每行之和为上车人数，每列之和为下车人数。
4. 应熟练掌握根据 OD 表推算出车站客流量表。</td></tr>
<tr><td>任务实施方案制定</td><td></td></tr>
<tr><td rowspan="3">任务实施</td><td>时间：</td><td>地点：</td></tr>
<tr><td colspan="2">实施要点：</td></tr>
<tr><td colspan="2">实施过程记录另附。</td></tr>
<tr><td>评价</td><td colspan="2">通过个人工作页的完成质量，结合小组代表成果展示，完成本次工作任务的检查与评价。
自评分数：
组内互评：

<table>
<tr><td>评价人</td><td>组员一</td><td>组员二</td><td>组员三</td><td>组员四</td><td>组员五</td><td>组员六</td><td>组员七</td><td>组员八</td><td>总评</td></tr>
<tr><td>得分</td><td></td><td></td><td></td><td></td><td></td><td></td><td></td><td></td><td></td></tr>
</table>
小组互评：
<table>
<tr><td>组名</td><td>第一组</td><td>第二组</td><td>第三组</td><td>第四组</td><td>第五组</td><td>第六组</td><td>第七组</td></tr>
<tr><td>得分</td><td></td><td></td><td></td><td></td><td></td><td></td><td></td></tr>
<tr><td>组名</td><td>第八组</td><td>第九组</td><td>第十组</td><td>第十一组</td><td>第十二组</td><td>第十三组</td><td>第十四组</td></tr>
<tr><td>得分</td><td></td><td></td><td></td><td></td><td></td><td></td><td></td></tr>
</table>
个人总评：</td></tr>
</table>

任务二　全日行车计划

【学生工作页】　(3–2)

<table>
<tr><td>班级：</td><td>学号：</td><td>姓名：</td><td>小组：</td></tr>
<tr><td>学习性工作任务</td><td colspan="3">3.2　全日行车计划</td></tr>
<tr><td>实践性工作任务</td><td colspan="2">调研全国城轨系统运行情况并推算客流量</td><td>参考学时：2</td></tr>
<tr><td colspan="4">【知识技能要求】
1. 掌握全日行车计划的作用。
2. 掌握全日行车计划的编制依据。
3. 依据站间到发客流量资料，分别计算出各站上下车人数和断面客流量数据，编制全日行车计划。</td></tr>
<tr><td>资讯：任务准备阶段</td><td colspan="3">【引导文】
1. 营业时间计划的概念？

2. 城市轨道交通系统营业时间安排的考虑因素？

3. 全日分时最大断面客流量的确定因素？

4. 列车定员的概念？车辆定员人数的决定因素？

5. 列车编组辆数的确定依据？</td></tr>
</table>

<table>
<tr><td>资讯：任务准备阶段</td><td colspan="2">6. 断面满载率的定义？

7. 全日行车计划编制程序？</td></tr>
<tr><td rowspan="3">计划与决策：任务实施方案制定阶段</td><td>查阅资料获取信息</td><td>1. 复习《城市轨道交通概论》中关于全日客流的章节内容。
2. 参考《城市轨道交通系统运营管理》(人民交通出版社，毛宝华)中的相关内容。
3. 浏览北京、广州、上海、深圳、南京、沈阳地铁等网站，查找各公司的营业时间及全日行车计划。</td></tr>
<tr><td>教师指导任务要点</td><td>1. 通过“引导文”学习本任务应掌握的知识要点。
2. 应明确开行间隔时间、列车时刻表、列车种类、线路断面满载率与全日各时段客流量之间的关系。
3. 注意列车种类的选取与全日行车计划之间的制约关系。
4. 注意营业时间与城市交通需求的关系。</td></tr>
<tr><td>任务实施方案制定</td><td></td></tr>
<tr><td rowspan="3">任务实施</td><td>时间：</td><td>地点：</td></tr>
<tr><td colspan="2">实施要点：</td></tr>
<tr><td colspan="2">实施过程记录另附。</td></tr>
<tr><td>评价</td><td colspan="2">通过个人工作页的完成质量，结合小组代表成果展示，完成本次工作任务的检查与评价。
自评分数：
组内互评：</td></tr>
</table>

评价人	组员一	组员二	组员三	组员四	组员五	组员六	组员七	组员八	总评
得分									

小组互评：

组名	第一组	第二组	第三组	第四组	第五组	第六组	第七组
得分							
组名	第八组	第九组	第十组	第十一组	第十二组	第十三组	第十四组
得分							

个人总评：

任务三　车辆配备计划

【学生工作页】　(3–3)

<table>
<tr><td>班级：</td><td>学号：</td><td>姓名：</td><td>小组：</td></tr>
<tr><td>学习性工作任务</td><td colspan="3">3.3　车辆配备计划</td></tr>
<tr><td>实践性工作任务</td><td colspan="2">模拟列车运转流程和测算运用车辆数</td><td>参考学时：2</td></tr>
<tr><td colspan="4">【知识技能要求】
1. 了解车辆配备计划的定义和作用。
2. 掌握列车运转流程，包括列车发车工作流程、列车正线运行、列车收车工作。
3. 模拟列车运转流程和测算运用车辆数。</td></tr>
<tr><td>资讯：任务准备阶段</td><td colspan="3">【引导文】
1. 车辆配备计划的概念？

2. 列车运转流程的概念？

3. 列车发车工作流程的内容？画出工作流程图。</td></tr>
</table>

资讯：任务准备阶段	4. 列车正线运行的概念？ 5. 列车在正线运行中的信息如何交流？ 6. 列车司机正线交接班的作业内容？ 7. 列车收车工作的内容？画出列车收车工作流程图。

资讯：任务准备阶段	8. 运用车辆数的概念及计算公式？ 9. 列车周转时间的概念及计算公式？ 10. 在修车辆的概念？ 11. 车辆检修计划的概念？ 12. 轨道运输检修级别？

车辆检修级别、周转及停时

检修级别	运用时间	走行公里	检修停时

<table>
<tr><td>资讯：任务准备阶段</td><td colspan="2">13. 备用车辆的概念及备用车辆的停放地点？</td></tr>
<tr><td rowspan="3">计划与决策：任务实施方案制定阶段</td><td>查阅资料获取信息</td><td>1. 复习《城市轨道交通概论》中关于车辆配备计划的章节内容。
2. 参考《城市轨道交通系统运营管理》(人民交通出版社，毛宝华)中的相关内容。
3. 浏览北京、广州、上海、深圳、南京、沈阳地铁等网站，查找各公司关于车辆配备计划、线路数量、线路长度、车站数量、运行间隔、日均客流、最大客流等方面的相关资料。</td></tr>
<tr><td>教师指导任务要点</td><td>1. 通过“引导文”学习本任务应掌握的知识要点。
2. 应明确列车周转流程与运营调度指挥之间的关系。
3. 注意运用列车车辆数与运营调度指挥之间的制约关系。
4. 注意车辆检修级别周转时间、停时对车辆运用的影响。</td></tr>
<tr><td>任务实施方案制定</td><td></td></tr>
<tr><td rowspan="3">任务实施</td><td>时间：</td><td>地点：</td></tr>
<tr><td colspan="2">实施要点：</td></tr>
<tr><td colspan="2">实施过程记录另附。</td></tr>
<tr><td>评价</td><td colspan="2">通过个人工作页的完成质量，结合小组代表成果展示，完成本次工作任务的检查与评价。
自评分数：
组内互评：</td></tr>
</table>

评价人	组员一	组员二	组员三	组员四	组员五	组员六	组员七	组员八	总评
得分									

小组互评：

组名	第一组	第二组	第三组	第四组	第五组	第六组	第七组
得分							
组名	第八组	第九组	第十组	第十一组	第十二组	第十三组	第十四组
得分							

个人总评：

任务四　列车交路计划

【学生工作页】　(3–4)

<table>
<tr><td>班级：</td><td>学号：</td><td>姓名：</td><td>小组：</td></tr>
<tr><td>学习性工作任务</td><td colspan="3">3.4　列车交路计划</td></tr>
<tr><td>实践性工作任务</td><td colspan="2">案例分析列车交路计划与行车安全的关系</td><td>参考学时：2</td></tr>
<tr><td colspan="4">【知识技能要求】
1. 了解列车交路计划的概念。
2. 掌握列车交路计划的分类及各自优缺点。
3. 掌握列车交路计划的确定流程。
4. 掌握列车折返方式及各自优缺点。
5. 案例分析东京地铁列车事故反映的问题及解决方案。</td></tr>
<tr><td>资讯：任务准备阶段</td><td colspan="3">【引导文】
1. 列车交路计划的概念？

2. 长交路的概念及图解、优缺点？</td></tr>
</table>

资讯：任务准备阶段	3. 短交路的概念及图解、优缺点？ 4. 长短交路的概念及图解、优缺点？ 5. 列车交路计划如何确定？

资讯：任务准备阶段

6. 列车折返方式的分类？

7. 站前折返方式的定义、图解、优缺点？

8. 站后折返方式的定义、图解、优缺点？

<table>
<tr><td rowspan="3">计划与决策：任务实施方案制定阶段</td><td>查阅资料
获取信息</td><td colspan="2">1. 复习《城市轨道交通概论》中关于列车交路计划的章节内容。
2. 参考《城市轨道交通系统运营管理》(人民交通出版社，毛宝华)中的相关内容。
3. 浏览北京、广州、上海、深圳、南京、沈阳地铁等网站，查找各公司关于列车交路、列车折返方式等方面的相关资料。</td></tr>
<tr><td>教师指导
任务要点</td><td colspan="2">1. 通过“引导文”学习本任务应掌握的知识要点。
2. 应明确列车交路与运营调度指挥之间的关系。
3. 注意列车折返方式与运营调度指挥之间的制约关系。
4. 注意列车交路计划对行车安全的影响。</td></tr>
<tr><td>任务实施
方案制定</td><td colspan="2"></td></tr>
<tr><td rowspan="3">任务实施</td><td colspan="2">时间：</td><td>地点：</td></tr>
<tr><td colspan="3">实施要点：</td></tr>
<tr><td colspan="3">实施过程记录另附。</td></tr>
<tr><td>评价</td><td colspan="3">通过个人工作页的完成质量，结合小组代表成果展示，完成本次工作任务的检查与评价。
自评分数：
组内互评：
<table><tr><td>评价人</td><td>组员一</td><td>组员二</td><td>组员三</td><td>组员四</td><td>组员五</td><td>组员六</td><td>组员七</td><td>组员八</td><td>总评</td></tr><tr><td>得分</td><td></td><td></td><td></td><td></td><td></td><td></td><td></td><td></td><td></td></tr></table>小组互评：
<table><tr><td>组名</td><td>第一组</td><td>第二组</td><td>第三组</td><td>第四组</td><td>第五组</td><td>第六组</td><td>第七组</td></tr><tr><td>得分</td><td></td><td></td><td></td><td></td><td></td><td></td><td></td></tr><tr><td>组名</td><td>第八组</td><td>第九组</td><td>第十组</td><td>第十一组</td><td>第十二组</td><td>第十三组</td><td>第十四组</td></tr><tr><td>得分</td><td></td><td></td><td></td><td></td><td></td><td></td><td></td></tr></table>个人总评：</td></tr>
</table>

项目四
城市轨道交通车站运作管理

任务一　站务员客服中心岗位职责及作业流程

【学生工作页】　(4–1)

班级：		学号：	姓名：	小组：
学习性工作任务	4.1　站务员客服中心岗位职责及作业流程			
实践性工作任务	演练车站售票员全天工作内容			参考学时：2
【知识技能要求】 1. 掌握车站组织架构。 2. 掌握站务员客服中心岗岗位职责。 3. 掌握站务员客服中心岗工作内容。 4. 演练车站售票员交接班作业内容。 5. 演练车站售票员配票、结算作业内容。 6. 演练车站售票窗口作业内容。				
资讯：任务准备阶段	【引导文】 1. 画出车站管理部门架构与岗位设置。			

资讯：任务准备阶段	2. 车务部门的主要负责内容？ 3. 车站管理部门主要负责的工作内容？ 4. 站务员客服中心岗通用服务标准？ 5. 站务员客服中心岗应掌握的岗位技能有哪些？

资讯：任务准备阶段	6. 站务员客服中心岗应掌握的岗位职责有哪些？ 7. 站务员客服中心岗售票的相关规定？

资讯：任务准备阶段	8. 站务员客服中心岗班前的工作流程？ 9. 站务员客服中心岗班中的工作流程？

<table>
<tr><td>资讯：任务准备阶段</td><td colspan="2">10. 站务员客服中心岗交班的工作流程？</td></tr>
<tr><td rowspan="3">计划与决策：任务实施方案制定阶段</td><td>查阅资料获取信息</td><td>1. 复习《城市轨道交通概论》中关于车站运作和各运营岗位工作内容的章节。
2. 参考《城市轨道交通客运组织》(机械工业出版社，裴瑞江)中的相关内容。
3. 浏览北京、广州、上海、深圳、南京、沈阳地铁等网站，查找各公司关于车站组织架构、站务员客服中心岗班中的工作流程、工作内容、岗位职责、通用工作标准等方面的相关资料。</td></tr>
<tr><td>教师指导任务要点</td><td>1. 通过“引导文”学习本任务应掌握的知识要点。
2. 应明确车站架构与运营方式之间的关系。
3. 注意客服中心岗的标准化工作方式与文明经营之间的影响。
4. 注意票务室交接班作业对票务安全的影响。</td></tr>
<tr><td>任务实施方案制定</td><td></td></tr>
<tr><td rowspan="3">任务实施</td><td colspan="2">时间：　　　　　　　　　　　　地点：</td></tr>
<tr><td colspan="2">实施要点：</td></tr>
<tr><td colspan="2">实施过程记录另附。</td></tr>
</table>

评价

通过个人工作页的完成质量，结合小组代表成果展示，完成本次工作任务的检查与评价。

自评分数：

组内互评：

评价人	组员一	组员二	组员三	组员四	组员五	组员六	组员七	组员八	总评
得分									

小组互评：

组名	第一组	第二组	第三组	第四组	第五组	第六组	第七组
得分							
组名	第八组	第九组	第十组	第十一组	第十二组	第十三组	第十四组
得分							

个人总评：

【任务实践指导】 演练站务员客服中心岗全天工作过程

任务描述

本任务要求掌握车站岗位架构以及站务员客服中心岗位的职责及作业流程。通过本任务的学习，使同学们对车站岗位架构了解得更加清晰，对站务员岗位的职责及作业流程更加熟知。本任务重点演练站务员客服中心岗位的全天工作过程，包括：演练车站售票员交接班作业内容，演练车站售票员配票、结算作业内容，演练车站售票窗口作业内容。

职业岗位

车站值班站长、客运值班员、站务员应掌握此任务。

实践指导

1. 实训场地、设备及人员安排

(1) 场地、工具准备：城轨票务实训室、BOM(POST)机、TVM、单程票、储值票、零币和点币盒、验钞机、分钞盒、发票票样、售票员结算单、票务处交接班本等。

(2) 人员安排：学生按车站分组，安排值班站长 1 人，行车值班员 1 人，客运值班员 1 人，站务员(售票岗)各 1 人。

2. 实践要求

任务实施前认真阅读教材《城轨客运组织》的第 97 页 ~ 103 页中有关“站务员客服中心岗位职责及作业流程”部分内容，熟知车站售票员交接班作业标准及配票、结算、售票窗口作业标准。编写并提交任务实施脚本、任务实施视频资料。整个任务中要包含下列内容：

(1) 车站售票员交接班作业内容。

(2) 车站售票员配票、结算作业内容。

(3) 车站售票窗口作业内容。

任务二　站务员巡视岗位职责及作业流程

【学生工作页】　(4–2)

<table>
<tr><td>班级：</td><td>学号：</td><td>姓名：</td><td>小组：</td></tr>
<tr><td>学习性工作任务</td><td colspan="3">4.2　站务员巡视岗位职责及作业流程</td></tr>
<tr><td>实践性工作任务</td><td colspan="2">演练站务员巡视岗全天工作内容</td><td>参考学时：2</td></tr>
<tr><td colspan="4">【知识技能要求】
1. 掌握车站站务员巡视岗通用标准。
2. 掌握车站站务员站厅巡视岗岗位职责。
3. 掌握车站站务员站台巡视岗岗位职责。
4. 掌握车站站务员巡视岗岗位技能。
5. 演练车站站务员巡视岗岗位班前作业内容。
6. 演练车站站务员巡视岗岗位班中作业内容。
7. 演练车站站务员巡视岗岗位班后作业内容。</td></tr>
<tr><td>资讯：任务准备阶段</td><td colspan="3">【引导文】
1. 站务员巡视岗通用服务标准？

2. 站务员巡视岗应掌握的岗位技能有哪些？</td></tr>
</table>

资讯：任务准备阶段	3. 站务员巡视岗应掌握的岗位职责有哪些？ 4. 站厅巡视岗岗位职责的相关规定？

资讯：任务准备阶段	5. 站台巡视岗岗位职责的相关规定？

资讯：任务准备阶段	6. 站台巡视岗工作中的注意事项？

资讯：任务准备阶段

7. 简述车站站务员巡视岗班前、班中、班后作业流程？

<table>
<tr><td rowspan="3">计划与决策：任务实施方案制定阶段</td><td colspan="2">查阅资料获取信息</td><td colspan="2">1. 复习《城市轨道交通概论》中关于各运营岗位工作内容的章节。
2. 参考《城市轨道交通客运组织》(机械工业出版社，裴瑞江)中的相关内容。
3. 浏览北京、广州、上海、深圳、南京、沈阳地铁等网站，查找各公司关于站务员巡视岗班前、班中、班后的工作流程、工作内容、岗位职责、通用工作标准等方面的相关资料。</td></tr>
<tr><td colspan="2">教师指导任务要点</td><td colspan="2">1. 通过“引导文”学习本任务应掌握的知识要点。
2. 应明确站务员巡视岗的工作内容对运营安全和运营调度指挥的影响。
3. 注意站务员巡视岗的标准化工作方式与文明服务之间的影响。
4. 注意演练时各种情形之间的衔接。</td></tr>
<tr><td colspan="2">任务实施方案制定</td><td colspan="2"></td></tr>
<tr><td rowspan="3">任务实施</td><td colspan="3">时间：</td><td>地点：</td></tr>
<tr><td colspan="4">实施要点：</td></tr>
<tr><td colspan="4">实施过程记录另附。</td></tr>
<tr><td>评价</td><td colspan="4">通过个人工作页的完成质量，结合小组代表成果展示，完成本次工作任务的检查与评价。
自评分数：
组内互评：
<table>
<tr><td>评价人</td><td>组员一</td><td>组员二</td><td>组员三</td><td>组员四</td><td>组员五</td><td>组员六</td><td>组员七</td><td>组员八</td><td>总评</td></tr>
<tr><td>得分</td><td></td><td></td><td></td><td></td><td></td><td></td><td></td><td></td><td></td></tr>
</table>
小组互评：
<table>
<tr><td>组名</td><td>第一组</td><td>第二组</td><td>第三组</td><td>第四组</td><td>第五组</td><td>第六组</td><td>第七组</td></tr>
<tr><td>得分</td><td></td><td></td><td></td><td></td><td></td><td></td><td></td></tr>
<tr><td>组名</td><td>第八组</td><td>第九组</td><td>第十组</td><td>第十一组</td><td>第十二组</td><td>第十三组</td><td>第十四组</td></tr>
<tr><td>得分</td><td></td><td></td><td></td><td></td><td></td><td></td><td></td></tr>
</table>
个人总评：</td></tr>
</table>

【任务实践指导】 演练站务员巡视岗全天工作过程

任务描述

本任务要求掌握车站站务员(站厅巡视岗和站台巡视岗)的岗位职责和作业流程。通过本任务的学习，能够让同学们对站务员巡视岗岗位的职责及作业流程了解得更加清晰。本任务重点演练站务员巡视岗位的全天工作过程，包括：演练车站站务员巡视岗岗位班前作业内容、班中作业内容、班后作业内容。

职业岗位

车站值班站长、客运值班员、站务员应掌握此任务。

实践指导

1. 实训场地、设备及人员安排

(1) 场地、工具准备：城轨站务综合实训室、TVM、闸机、屏蔽门、相关钥匙(票务设备钥匙、员工通道门钥匙、边门钥匙、自动扶梯钥匙、液压梯钥匙、屏蔽门相关钥匙等)、站台应急卡、电喇叭、口哨、切门控钥匙和贴纸、信号灯或信号旗、对讲机、车站备品(借)用登记本、门禁卡、钥匙借用登记本、巡视台账等。

(2) 人员安排：学生按车站分组，安排值班站长 1 人，行车值班员 1 人，客运值班员 1 人，站务员站厅巡视岗 1 人、站台巡视岗 1 人。

2. 实践要求

任务实施前认真阅读教材《城轨客运组织》第 103 页 ~ 106 页中有关“站务员巡视岗职责及作业流程”部分内容，编写并提交任务实施脚本、任务实施视频资料。整个任务中要包含下列内容：① 车站站务员巡视岗岗位班前作业内容；② 车站站务员巡视岗岗位班中作业内容；③ 车站站务员巡视岗岗位班后作业内容。

任务三　客运值班员岗位职责及作业流程

【学生工作页】 (4–3)

<table>
<tr><td>班级：</td><td>学号：</td><td>姓名：</td><td>小组：</td></tr>
<tr><td>学习性工作任务</td><td colspan="3">4.3　客运值班员岗位职责及作业流程</td></tr>
<tr><td>实践性工作任务</td><td colspan="2">演练客运值班员岗位全天工作内容</td><td>参考学时：2</td></tr>
<tr><td colspan="4">【知识技能要求】
1. 掌握客运值班员岗位通用标准。
2. 掌握客运值班员岗位职责。
3. 掌握客运值班员岗位技能。
4. 掌握客运值班员岗位日班班前工作内容。
5. 掌握客运值班员岗位日班班中工作内容。
6. 掌握客运值班员岗位日班班后工作内容。
7. 掌握客运值班员岗位晚班班前工作内容。
8. 掌握客运值班员岗位晚班班中工作内容。
9. 掌握客运值班员岗位晚班班后工作内容。
10. 演练客运值班员岗位全天作业内容。</td></tr>
<tr><td>资讯：任务准备阶段</td><td colspan="3">【引导文】
1. 客运值班员岗位通用服务标准？

2. 客运值班员岗应掌握的岗位技能有哪些？

</td></tr>
</table>

资讯：任务准备阶段	3. 客运值班员岗应掌握的岗位职责有哪些？ 4. 客运值班员岗位日班班前工作内容？ 5. 客运值班员岗位日班班中工作内容？

资讯：任务准备阶段	6. 客运值班员岗位日班班后工作内容？ 7. 客运值班员岗位晚班班前工作内容？ 8. 客运值班员岗位晚班班中工作内容？

<table>
<tr><td>资讯：任务准备阶段</td><td colspan="3">9. 客运值班员岗位晚班班后工作内容？</td></tr>
<tr><td rowspan="3">计划与决策：任务实施方案制定阶段</td><td>查阅资料获取信息</td><td colspan="2">1. 复习《城市轨道交通概论》中关于各运营岗位工作内容的章节。
2. 参考《城市轨道交通客运组织》(机械工业出版社，裴瑞江)中的相关内容。
3. 浏览北京、广州、上海、深圳、南京、沈阳地铁等网站，查找各公司关于客运值班员日班和晚班班前、班中、班后的工作流程、工作内容、岗位职责、通用工作标准等方面的相关资料。</td></tr>
<tr><td>教师指导任务要点</td><td colspan="2">1. 通过“引导文”学习本任务应掌握的知识要点。
2. 应明确客运值班员岗位的工作内容对运营安全和运营调度指挥的影响。
3. 注意客运值班员岗位的标准化工作方式与文明服务之间的影响。
4. 注意演练时各种情形之间的衔接。</td></tr>
<tr><td>任务实施方案制定</td><td colspan="2"></td></tr>
<tr><td rowspan="3">任务实施</td><td colspan="2">时间：</td><td>地点：</td></tr>
<tr><td colspan="3">实施要点：</td></tr>
<tr><td colspan="3">实施过程记录另附。</td></tr>
</table>

评价

通过个人工作页的完成质量，结合小组代表成果展示，完成本次工作任务的检查与评价。

自评分数：

组内互评：

评价人	组员一	组员二	组员三	组员四	组员五	组员六	组员七	组员八	总评
得分									

小组互评：

组名	第一组	第二组	第三组	第四组	第五组	第六组	第七组
得分							
组名	第八组	第九组	第十组	第十一组	第十二组	第十三组	第十四组
得分							

个人总评：

【任务实践指导】　演练客运值班员岗位全天工作过程

任务描述

本任务要求掌握车站客运值班员岗位职责和作业流程。通过本任务的学习，使同学们能够熟练掌握车站客运值班员的工作内容和工作注意事项，对客运值班员的岗位职责及作业流程了解得更加清晰。本任务重点演练客运值班员岗位的全天工作过程，包括：演练客运值班员日班岗位班前作业内容、班中作业内容、班后作业内容；演练客运值班员晚班岗位班前作业内容、班中作业内容、班后作业内容。

职业岗位

车站值班站长、客运值班员应掌握此任务。

实践指导

1. 实训场地、设备及人员安排

(1) 场地、工具准备：城轨站务综合实训室、TVM、闸机、屏蔽门、相关钥匙(票务设备钥匙、员工通道门钥匙、边门钥匙、自动扶梯钥匙、液压梯钥匙、屏蔽门相关钥匙等)、站台应急卡、电喇叭、口哨、切门控钥匙和贴纸、信号灯或信号旗、对讲机、车站备品(借)用登记本、门禁卡、钥匙借用登记本、巡视台账等。

(2) 人员安排：学生按车站分组，安排值班站长 1 人，行车值班员 1 人，客运值班员 1 人，站务员站厅巡视岗 1 人、站台巡视岗 1 人。

2. 实践要求

任务实施前认真阅读教材《城轨客运组织》第 107 页 ~ 111 页中有关“客运值班员职责及作业流程”部分内容，编写并提交任务实施脚本、任务实施视频资料。整个任务中要包含下列内容：

(1) 客运值班员岗位日班班前作业内容。

(2) 客运值班员岗位日班班中作业内容。

(3) 客运值班员岗位日班班后作业内容。

(4) 客运值班员岗位晚班班前作业内容。

(5) 客运值班员岗位晚班班中作业内容。

(6) 客运值班员岗位晚班班后作业内容。

任务四　值班站长岗位职责及作业流程

【学生工作页】 (4–4)

<table>
<tr><td>班级：</td><td>学号：</td><td>姓名：</td><td>小组：</td></tr>
<tr><td>学习性工作任务</td><td colspan="3">4.4　值班站长岗位职责及作业流程</td></tr>
<tr><td>实践性工作任务</td><td colspan="2">演练值班站长岗位全天工作内容</td><td>参考学时：2</td></tr>
<tr><td colspan="4">【知识技能要求】
1. 掌握车站值班站长岗位通用标准。
2. 掌握车站值班站长岗位职责。
3. 掌握车站值班站长岗位技能。
4. 掌握车站值班站长岗位班前工作内容。
5. 掌握车站值班站长岗位班中工作内容。
6. 掌握车站值班站长岗位班后工作内容。
7. 演练车站值班站长岗位全天作业内容。</td></tr>
<tr><td>资讯：任务准备阶段</td><td colspan="3">【引导文】
1. 车站值班站长岗位通用服务标准？

2. 车站值班站长应掌握的岗位技能有哪些？</td></tr>
</table>

资讯：任务准备阶段	3. 车站值班站长应掌握的岗位职责有哪些？ 4. 车站值班站长在行车、客运和票务管理方面的岗位职责？ 5. 车站值班站长在乘客服务方面的岗位职责？

资讯：任务准备阶段	6. 车站值班站长在员工管理方面的岗位职责？ 7. 车站值班站长在安全管理方面的岗位职责？ 8. 车站值班站长在员工培训方面的岗位职责？ 9. 车站值班站长在执法工作方面的岗位职责？

资讯：任务准备阶段

10. 车站值班站长班前作业流程？

11. 车站值班站长当班情况登记本填写内容？

序号	项目	内容
1	行车	
2	顾客服务	
3	票务	
4	其他事项	
5	重点事项栏	

12. 车站值班站长班中作业流程？

资讯：任务准备阶段

13. 车站值班站长交接班内容？

序号	内容
1	
2	
3	
4	

<table>
<tr><td>资讯：任务准备阶段</td><td colspan="2">14. 车站值班站长班后作业流程？</td></tr>
<tr><td rowspan="3">计划与决策：任务实施方案制定阶段</td><td>查阅资料获取信息</td><td>1. 复习《城市轨道交通概论》中关于各运营岗位工作内容的章节。
2. 参考《城市轨道交通客运组织》(机械工业出版社，裴瑞江)中的相关内容。
3. 浏览北京、广州、上海、深圳、南京、沈阳地铁等网站，查找各公司关于车站值班站长班前、班中、班后的工作流程、工作内容、岗位职责、通用工作标准等方面的相关资料。</td></tr>
<tr><td>教师指导任务要点</td><td>1. 通过“引导文”学习本任务应掌握的知识要点。
2. 应明确车站值班站长岗位的工作内容对运营安全和运营调度指挥的影响。
3. 注意车站值班站长岗位的标准化工作方式与文明服务之间的影响。
4. 注意演练时各种情形之间的衔接。</td></tr>
<tr><td>任务实施方案制定</td><td></td></tr>
<tr><td rowspan="3">任务实施</td><td colspan="2">时间：　　　　　　　　　　地点：</td></tr>
<tr><td colspan="2">实施要点：</td></tr>
<tr><td colspan="2">实施过程记录另附。</td></tr>
<tr><td>评价</td><td colspan="2">通过个人工作页的完成质量，结合小组代表成果展示，完成本次工作任务的检查与评价。
自评分数：
组内互评：</td></tr>
</table>

评价人	组员一	组员二	组员三	组员四	组员五	组员六	组员七	组员八	总评
得分									

小组互评：

组名	第一组	第二组	第三组	第四组	第五组	第六组	第七组
得分							
组名	第八组	第九组	第十组	第十一组	第十二组	第十三组	第十四组
得分							

个人总评：

【任务实践指导】　演练车站值班站长岗位全天工作过程

任务描述

本任务要求掌握车站值班站长的岗位职责和作业流程。通过本任务的学习，使同学们对车站值班站长的工作内容了解得更加清晰。本任务重点演练车站值班站长岗位的全天工作过程，包括：演练车站值班站长岗位班前作业内容、班中作业内容、班后作业内容。

职业岗位

车站值班站长应掌握此任务。

实践指导

1. 实训场地、设备及人员安排

(1) 场地、工具准备：城轨站务综合实训室、TVM、闸机、屏蔽门、相关钥匙(票务设备钥匙、员工通道门钥匙、边门钥匙、自动扶梯钥匙、液压梯钥匙、屏蔽门相关钥匙等)、站台应急卡、电喇叭、口哨、切门控钥匙和贴纸、信号灯或信号旗、对讲机、车站备品(借)用登记本、门禁卡、钥匙管理登记本、施工登记本、每日运营重要信息、故障设备设施跟踪处理表、中心站交班会会议记录本、每日防火巡查本、调度命令本、行车日志、设施故障登记表、当班情况登记本，等等。

(2) 人员安排：学生按车站分组，安排车站值班站长 1 人，行车值班员 1 人，客运值班员 1 人，站务员站厅巡视岗 1 人、站台巡视岗 1 人。

2. 实践要求

任务实施前认真阅读教材《城轨客运组织》第 111 页 ~ 115 页中有关“车站值班站长职责及作业流程”部分内容，编写并提交任务实施脚本、任务实施视频资料。整个任务中要包含下列内容：

(1) 车站值班站长岗位班前作业内容。

(2) 车站值班站长岗位班中作业内容。

(3) 车站值班站长岗位班后作业内容。

任务五　车站日常运作管理

【学生工作页】　(4–5)

班级：		学号：	姓名：	小组：
学习性工作任务	4.5　车站日常运作管理			
实践性工作任务	演练车站全天运营工作内容			参考学时：2
【知识技能要求】 1. 掌握车站开站前客运准备工作。 2. 掌握车站闭站前客运准备工作。 3. 演练车站运营全天作业内容。				
资讯：任务准备阶段	【引导文】 1. 车站开站前客运准备工作？ 2. 车站闭站前客运准备工作？			

资讯：任务准备阶段	3. 车站开站各岗位的作业内容？		
	序号	责任人	内　容
	1	行车值班员	
	2	行车值班员	
	3	行车值班员	
	4	行车值班员	
	5	售票员	
	6	值班站长	
	7	行车值班员	

资讯：任务准备阶段

4. 车站关站各岗位的作业内容？

序号	责任人	内　容
1	值班站长	
2	行车值班员	
3	值班站长	
4	巡视岗	
5	售票员	
6	客运值班员	
7	值班员	
8	值班站长	

<table>
<tr><td rowspan="3">计划与决策：</td><td rowspan="3">任务实施方案制定阶段</td><td>查阅资料
获取信息</td><td>1. 复习《城市轨道交通概论》中关于各运营岗位工作内容的章节。
2. 参考《城市轨道交通客运组织》(机械工业出版社，裴瑞江)中的相关内容。
3. 浏览北京、广州、上海、深圳、南京、沈阳地铁等网站，查找各公司关于车站开站、关站的工作流程。</td></tr>
<tr><td>教师指导
任务要点</td><td>1. 通过“引导文”学习本任务应掌握的知识要点。
2. 应明确车站各岗位的工作内容对运营安全和运营调度指挥的影响。
3. 注意车站各岗位的标准化工作方式与文明服务之间的影响。
4. 注意演练时各种情形之间的衔接。</td></tr>
<tr><td>任务实施
方案制定</td><td></td></tr>
<tr><td rowspan="3" colspan="2">任务实施</td><td colspan="2">时间：　　　　　　　　　　地点：</td></tr>
<tr><td colspan="2">实施要点：</td></tr>
<tr><td colspan="2">实施过程记录另附。</td></tr>
<tr><td colspan="2">评价</td><td colspan="2">通过个人工作页的完成质量，结合小组代表成果展示，完成本次工作任务的检查与评价。
自评分数：
组内互评：
（见下表）
小组互评：
（见下表）
个人总评：</td></tr>
</table>

组内互评：

评价人	组员一	组员二	组员三	组员四	组员五	组员六	组员七	组员八	总评
得分									

小组互评：

组名	第一组	第二组	第三组	第四组	第五组	第六组	第七组
得分							
组名	第八组	第九组	第十组	第十一组	第十二组	第十三组	第十四组
得分							

个人总评：

【任务实践指导】　演练车站全天运营工作过程

任务描述

本任务要求掌握车站的开放和关闭程序以及车站开放和关闭时各岗位的工作内容。通过本任务的学习，使同学们对车站开放和关闭程序及各工作岗位的工作程序了解得更加清晰。

本任务重点演练车站全天工作过程，包括：演练车站开站前客运组织作业内容、演练车站关站前客运组织作业内容。

职业岗位

车站值班站长、客运值班员、行车值班员、站务员应掌握此任务。

实践指导

1. 实训场地、设备及人员安排

(1) 场地、工具准备：城轨票务实训室、TVM、闸机、屏蔽门、相关钥匙(票务设备钥匙、员工通道门钥匙、边门钥匙、自动扶梯钥匙、液压梯钥匙、屏蔽门相关钥匙等)、站台应急卡、电喇叭、口哨、切门控钥匙和贴纸、信号灯或信号旗、对讲机、车站备品(借)用登记本、门禁卡、钥匙管理登记本、施工登记本、每日运营重要信息、故障设备设施跟踪处理表、中心站交班会会议记录本、每日防火巡查本、调度命令本、行车日志、设施故障登记表、当班情况登记本，等等。

(2) 人员安排：学生按车站分组，安排车站值班站长 1 人，行车值班员 1 人，客运值班员 1 人，站务员站厅巡视岗 1 人、站务员站台巡视岗 1 人、站务员客服中心岗 1 人。

2. 实践要求

任务实施前认真阅读教材《城轨客运组织》第 115 页～119 页中有关“车站开/关站作业流程”部分内容，编写并提交任务实施脚本、任务实施视频资料。整个任务中要包含下列内容：① 车站运营前检查作业标准；② 车站开站各岗位作业内容；③ 车站关站各岗位作业内容。

项目五
城市轨道交通车站客运组织工作

任务一　日常客流组织

【学生工作页】　(5–1)

<table>
<tr><td>班级：</td><td>学号：</td><td>姓名：</td><td>小组：</td></tr>
<tr><td>学习性工作任务</td><td colspan="3">5.1　日常客流组织</td></tr>
<tr><td>实践性工作任务</td><td colspan="2">分小组进行模拟演练日常客流组织</td><td>参考学时：2</td></tr>
<tr><td colspan="4">【知识技能要求】
1. 熟悉城轨交通车站日常客流组织工作。
2. 能正确组织日常客流工作。</td></tr>
<tr><td>资讯：任务准备阶段</td><td colspan="3">【引导文】
1. 车站客运组织的原则是？

2. 车站客运组织工作的要求是？</td></tr>
</table>

资讯：任务准备阶段	3. 车站日常客流组织的方法？

<table>
<tr><td>资讯：任务准备阶段</td><td colspan="3"></td></tr>
<tr><td rowspan="3">计划与决策：任务实施方案制定阶段</td><td>查阅资料获取信息</td><td colspan="2">1. 复习《城市轨道交通概论》中与客运相关的章节内容。
2. 参考《城市轨道交通客运组织》(机械工业出版社，裴瑞江)中的相关内容。
3. 浏览郑州、广州、上海地铁等网站，了解各公司日常客流组织工作的流程及原则。查找各公司站务员、值班员、值班站长等的岗位职责。</td></tr>
<tr><td>教师指导任务要点</td><td colspan="2">1. 通过“引导文”学习本任务应掌握的知识要点。
2. 分小组进行模拟演练日常客流组织。</td></tr>
<tr><td>任务实施方案制定</td><td colspan="2"></td></tr>
<tr><td rowspan="3">任务实施</td><td colspan="2">时间：</td><td>地点：</td></tr>
<tr><td colspan="3">实施要点：</td></tr>
<tr><td colspan="3">实施过程记录另附。</td></tr>
<tr><td>评价</td><td colspan="3">通过个人工作页的完成质量，结合小组代表成果展示，完成本次工作任务的检查与评价。
自评分数：
组内互评：
<table>
<tr><td>评价人</td><td>组员一</td><td>组员二</td><td>组员三</td><td>组员四</td><td>组员五</td><td>组员六</td><td>组员七</td><td>组员八</td><td>总评</td></tr>
<tr><td>得分</td><td></td><td></td><td></td><td></td><td></td><td></td><td></td><td></td><td></td></tr>
</table>
小组互评：
<table>
<tr><td>组名</td><td>第一组</td><td>第二组</td><td>第三组</td><td>第四组</td><td>第五组</td><td>第六组</td><td>第七组</td></tr>
<tr><td>得分</td><td></td><td></td><td></td><td></td><td></td><td></td><td></td></tr>
<tr><td>组名</td><td>第八组</td><td>第九组</td><td>第十组</td><td>第十一组</td><td>第十二组</td><td>第十三组</td><td>第十四组</td></tr>
<tr><td>得分</td><td></td><td></td><td></td><td></td><td></td><td></td><td></td></tr>
</table>
个人总评：</td></tr>
</table>

【任务实践指导】 模拟演练日常客流组织

任务描述

1. 去地铁车站进行实地参观，熟知日常客流组织工作相关设备的简单操作。

2. 根据所学知识，结合下面给出的客运组织方案，分小组进行模拟演练，然后进行小组自评和互评，最后教师讲评，取长补短，开拓完善知识内容。

职业岗位

站务员、车站值班员、值班站长、地铁公司相关管理人员等应掌握此任务。

实践指导

1. 实训场地、设备及人员安排

(1) 场地、工具准备：教室、站务综合实训室，郑州地铁站。

(2) 人员安排：学生按人数分为 6 ~ 8 人一组。

2. 实践考核

模拟演练，现场打分。（参考教材《城轨客运组织》第 121 页 ~ 126 页中的“××站平日运营正常情况下的客运组织方案”）

任务二　大客流组织

【学生工作页】　(5–2)

<table>
<tr><td>班级：</td><td>学号：</td><td>姓名：</td><td>小组：</td></tr>
<tr><td>学习性工作任务</td><td colspan="3">5.2　大客流组织</td></tr>
<tr><td>实践性工作任务</td><td colspan="2">分小组进行模拟演练大客流组织</td><td>参考学时：4</td></tr>
<tr><td colspan="4">【知识技能要求】
1. 熟悉城轨交通车站大客流组织工作。
2. 能正确组织突发性及可预见性大客流。</td></tr>
<tr><td>资讯：任务准备阶段</td><td colspan="3">【引导文】
1. 什么是大客流？

2. 大客流分为哪几种？

3. 三级客流控制方法是？</td></tr>
</table>

资讯：任务准备阶段	4. 大客流组织的措施有哪些？

资讯：任务准备阶段	5. 大客流情况下车站各岗位作业流程是？

<table>
<tr><td rowspan="3">计划与决策：</td><td rowspan="3">任务实施方案制定阶段</td><td>查阅资料
获取信息</td><td colspan="2">1. 复习《城市轨道交通概论》中与客运相关的章节内容。
2. 参考《城市轨道交通客运组织》(机械工业出版社，裴瑞江)中的相关内容。
3. 浏览郑州、广州、上海地铁等网站，了解各公司的大客流组织原则及工作流程，查找各公司站务员、值班员、值班站长等的岗位职责。</td></tr>
<tr><td>教师指导
任务要点</td><td colspan="2">1. 通过“引导文”学习本任务应掌握的知识要点。
2. 分小组进行模拟演练大客流组织。</td></tr>
<tr><td>任务实施
方案制定</td><td colspan="2"></td></tr>
<tr><td rowspan="3">任务实施</td><td colspan="3">时间：</td><td>地点：</td></tr>
<tr><td colspan="4">实施要点：</td></tr>
<tr><td colspan="4">实施过程记录另附。</td></tr>
<tr><td>评价</td><td colspan="4">通过个人工作页的完成质量，结合小组代表成果展示，完成本次工作任务的检查与评价。
自评分数：
组内互评：

评价人	组员一	组员二	组员三	组员四	组员五	组员六	组员七	组员八	总评
得分									

小组互评：

组名	第一组	第二组	第三组	第四组	第五组	第六组	第七组
得分							
组名	第八组	第九组	第十组	第十一组	第十二组	第十三组	第十四组
得分							

个人总评：</td></tr>
</table>

【任务实践指导】 模拟演练大客流组织

任务描述

1. 高峰时段去地铁车站进行实地观察，熟知大客流组织工作相关设备的简单操作。

2. 根据所学知识，结合下面给出的客运组织方案，分小组进行模拟演练突发性大客流组织，然后进行小组自评和互评，最后教师讲评，取长补短，开拓完善知识内容。

职业岗位

站务员、车站值班员、值班站长、地铁公司相关管理人员等应掌握此任务。

实践指导

1. 实训场地、设备及人员安排

(1) 场地、工具准备：教室、站务综合实训室，郑州地铁站。

(2) 人员安排：学生按人数分为 6 ~ 8 人一组。

2. 实践考核

模拟演练，现场打分。（演练题材参见教材《城轨客运组织》第 135 页 ~ 137 页内容）

任务三　突发事件客流组织

【学生工作页】　(5–3)

<table>
<tr><td>班级：</td><td>学号：</td><td>姓名：</td><td>小组：</td></tr>
<tr><td>学习性工作任务</td><td colspan="3">5.3　突发事件客流组织</td></tr>
<tr><td>实践性工作任务</td><td colspan="2">分小组进行模拟演练突发事件客流组织</td><td>参考学时：4</td></tr>
<tr><td colspan="4">【知识技能要求】
1. 熟悉城轨交通车站突发事件客流组织工作。
2. 能正确处理突发事件客流组织。</td></tr>
<tr><td>资讯：任务准备阶段</td><td colspan="3">【引导文】
1. 什么是突发事件？突发事件的处理方法有哪些？

2. 什么是疏散、清客、隔离？</td></tr>
</table>

资讯：任务准备阶段	3. 隧道的疏散组织方法是？ 4. 列车上清客的组织办法是？

资讯：任务准备阶段

5. 隔离的种类有哪些？

计划与决策：任务实施方案制定阶段

查阅资料获取信息	1. 复习《城市轨道交通概论》中与客运相关的章节内容。 2. 参考《城市轨道交通客运组织》(机械工业出版社，裴瑞江)中的相关内容。 3. 浏览郑州、广州、上海地铁等网站，了解各公司对突发事件客流组织工作的原则及流程。查找各公司站务员、值班员、值班站长等的岗位职责。
教师指导任务要点	1. 通过“引导文”学习本任务应掌握的知识要点。 2. 分小组进行模拟演练突发事件客流组织。
任务实施方案制定	

任务实施

时间：	地点：
实施要点：	
实施过程记录另附。	

评价

通过个人工作页的完成质量，结合小组代表成果展示，完成本次工作任务的检查与评价。

自评分数：

组内互评：

评价人	组员一	组员二	组员三	组员四	组员五	组员六	组员七	组员八	总评
得分									

小组互评：

组名	第一组	第二组	第三组	第四组	第五组	第六组	第七组
得分							
组名	第八组	第九组	第十组	第十一组	第十二组	第十三组	第十四组
得分							

个人总评：

【任务实践指导】 模拟演练突发事件客流组织

任务描述

分小组进行模拟演练，通过情景模拟使学生理解并掌握突发事件客流组织工作。然后进行小组自评和互评，最后教师讲评，取长补短，开拓完善知识内容。

模拟演练内容参见教材《城轨客运组织》第 143 页～144 页内容。

职业岗位

站务员、车站值班员、值班站长、地铁公司相关管理人员等应掌握此任务。

实践指导

1. 实训场地、设备及人员安排

(1) 场地、工具准备：教室、站务综合实训室，郑州地铁站。

(2) 人员安排：学生按人数分为 6～8 人一组。

2. 实践考核

模拟演练，现场打分。

项目六
城市轨道交通客流调查预测与分析

任务一　客流认知

【学生工作页】　(6–1)

<table>
<tr><td>班级：</td><td>学号：</td><td>姓名：</td><td>小组：</td></tr>
<tr><td>学习性工作任务</td><td colspan="3">6.1　客流认知</td></tr>
<tr><td>实践性工作任务</td><td colspan="2">观察地铁客流特点</td><td>参考学时：2</td></tr>
<tr><td colspan="4">【知识技能要求】
1. 了解客流的分类和影响因素。
2. 观察并总结郑州地铁客流的特点。</td></tr>
<tr><td>资讯：任务准备阶段</td><td colspan="3">【引导文】
1. 什么是客流？

2. 客流如何分类？</td></tr>
</table>

资讯：任务准备阶段	3. 客流数量的常见指标有哪些？ 4. 什么是断面客流量和最大断面客流量？

<table>
<tr><td>资讯：任务准备阶段</td><td colspan="2">5. 影响客流的因素有哪些？</td></tr>
<tr><td rowspan="3">计划与决策：任务实施方案制定阶段</td><td>查阅资料获取信息</td><td>1. 复习《城市轨道交通概论》中与客运相关的章节内容。
2. 参考《城市轨道交通客运组织》(机械工业出版社，裴瑞江)中的相关内容。
3. 浏览郑州、广州、上海地铁等网站，了解各城市地铁线路和车站客流的特点。</td></tr>
<tr><td>教师指导任务要点</td><td>1. 通过“引导文”学习本任务应掌握的知识要点。
2. 指导学生观察并总结客流特点。</td></tr>
<tr><td>任务实施方案制定</td><td></td></tr>
<tr><td rowspan="3">任务实施</td><td colspan="2">时间：　　　　　　　　　　　　地点：</td></tr>
<tr><td colspan="2">实施要点：</td></tr>
<tr><td colspan="2">实施过程记录另附。</td></tr>
<tr><td>评价</td><td colspan="2">通过个人工作页的完成质量，结合小组代表成果展示，完成本次工作任务的检查与评价。
自评分数：
组内互评：
<table>
<tr><td>评价人</td><td>组员一</td><td>组员二</td><td>组员三</td><td>组员四</td><td>组员五</td><td>组员六</td><td>组员七</td><td>组员八</td><td>总评</td></tr>
<tr><td>得分</td><td></td><td></td><td></td><td></td><td></td><td></td><td></td><td></td><td></td></tr>
</table>
小组互评：
<table>
<tr><td>组名</td><td>第一组</td><td>第二组</td><td>第三组</td><td>第四组</td><td>第五组</td><td>第六组</td><td>第七组</td></tr>
<tr><td>得分</td><td></td><td></td><td></td><td></td><td></td><td></td><td></td></tr>
<tr><td>组名</td><td>第八组</td><td>第九组</td><td>第十组</td><td>第十一组</td><td>第十二组</td><td>第十三组</td><td>第十四组</td></tr>
<tr><td>得分</td><td></td><td></td><td></td><td></td><td></td><td></td><td></td></tr>
</table>
个人总评：</td></tr>
</table>

【任务实践指导】 观察并总结郑州地铁客流特点

任务描述

1. 了解轨道交通客流的定义。
2. 能够观察并认识影响轨道交通客流的因素。
3. 观察并总结郑州地铁客流的特点。

职业岗位

站务员、车站值班员、值班站长、地铁公司相关管理人员等应掌握此任务。

实践指导

1. 实训场地、设备及人员安排

(1) 场地、工具准备：教室、郑州地铁站。

(2) 人员安排：学生按人数分为 6 ~ 8 人一组。

2. 实践考核

小组总结汇报。

任务二　客流调查

【学生工作页】　(6–2)

<table>
<tr><td>班级：</td><td>学号：</td><td>姓名：</td><td>小组：</td></tr>
<tr><td>学习性工作任务</td><td colspan="3">6.2　客流调查</td></tr>
<tr><td>实践性工作任务</td><td colspan="2">调查郑州地铁客流状况</td><td>参考学时：2</td></tr>
<tr><td colspan="4">【知识技能要求】
1. 掌握客流调查的种类和方法，熟悉客流调查的相应指标。
2. 能应用正确的方法进行客流调查。</td></tr>
<tr><td>资讯：任务准备阶段</td><td colspan="3">【引导文】
1. 什么是全面客流调查？全面客流调查的方法有哪些？

2. 什么是乘客情况抽样调查？抽样调查的方法有哪些？

3. 什么是断面客流调查？</td></tr>
</table>

资讯：任务准备阶段	4. 客流调查的统计指标有哪些？

计划与决策：	任务实施方案制定阶段	查阅资料获取信息	1. 复习《城市轨道交通概论》中与客运相关的章节内容。 2. 参考《城市轨道交通客运组织》(机械工业出版社，裴瑞江)中的相关内容。 3. 浏览郑州、广州、上海地铁等网站，了解各城市地铁线路和车站的客流量情况。
		教师指导任务要点	1. 通过“引导文”学习本任务应掌握的知识要点。 2. 指导学生以郑州轨道交通某个区域为对象进行客流调查。
		任务实施方案制定	

任务实施	时间：	地点：
	实施要点：	
	实施过程记录另附。	

评价

通过个人工作页的完成质量，结合小组代表成果展示，完成本次工作任务的检查与评价。

自评分数：

组内互评：

评价人	组员一	组员二	组员三	组员四	组员五	组员六	组员七	组员八	总评
得分									

小组互评：

组名	第一组	第二组	第三组	第四组	第五组	第六组	第七组
得分							
组名	第八组	第九组	第十组	第十一组	第十二组	第十三组	第十四组
得分							

个人总评：

【任务实践指导】　以郑州轨道交通某个区域为对象进行客流调查

任务描述

1. 制订客流调查内容；做出调查计划；设计调查表格；确定调查地点和时间；选择调查设备；选择调查方式。

2. 根据不同情境，灵活采取不同的客流调查方法；对调查的相关统计指标进行计算，最后得出客流调查结果。

3. 上述任务完成后，进行小组自评和互评，最后教师讲评，取长补短，开拓完善知识内容。

职业岗位

站务员、车站值班员、值班站长、地铁公司相关管理人员等应掌握此任务。

实践指导

1. 实训场地、设备及人员安排

(1) 场地、工具准备：教室、郑州地铁站，计数器、纸、笔。
(2) 人员安排：学生按人数分为 6～8 人一组。

2. 实践考核

各小组以 PPT 形式汇报调查成果。

任务三　客流分析

【学生工作页】　(6–3)

<table>
<tr><td colspan="2">班级：</td><td>学号：</td><td>姓名：</td><td>小组：</td></tr>
<tr><td colspan="2">学习性工作任务</td><td colspan="3">6.3　客流分析</td></tr>
<tr><td colspan="2">实践性工作任务</td><td colspan="2">分析郑州地铁客流状况</td><td>参考学时：2</td></tr>
<tr><td colspan="5">【知识技能要求】
1. 掌握客流分析方法。
2. 能根据客流量数据进行客流分析，总结客流在时间和空间上的分布特征。</td></tr>
<tr><td>资讯：任务准备阶段</td><td colspan="4">【引导文】
1. 车站客流的时间分布特征是？</td></tr>
</table>

资讯：任务准备阶段	2. 车站客流的空间分布特征是？

资讯：任务准备阶段	

<table>
<tr><td rowspan="3">计划与决策：</td><td rowspan="3">任务实施方案制定阶段</td><td>查阅资料获取信息</td><td colspan="2">1. 复习《城市轨道交通概论》中与客运相关的章节内容。
2. 参考《城市轨道交通客运组织》(机械工业出版社，裴瑞江)中的相关内容。
3. 浏览郑州、广州、上海地铁等网站，了解各城市地铁线路和车站客流在时间和空间上的分布特征。</td></tr>
<tr><td>教师指导任务要点</td><td colspan="2">1. 通过“引导文”学习本任务应掌握的知识要点。
2. 指导学生根据客流量数据进行客流分析，总结客流在时间和空间上的分布特征。</td></tr>
<tr><td>任务实施方案制定</td><td colspan="2"></td></tr>
<tr><td colspan="2" rowspan="3">任务实施</td><td colspan="2">时间：</td><td>地点：</td></tr>
<tr><td colspan="3">实施要点：</td></tr>
<tr><td colspan="3">实施过程记录另附。</td></tr>
<tr><td colspan="2">评价</td><td colspan="3">通过个人工作页的完成质量，结合小组代表成果展示，完成本次工作任务的检查与评价。
自评分数：
组内互评：
<table>
<tr><td>评价人</td><td>组员一</td><td>组员二</td><td>组员三</td><td>组员四</td><td>组员五</td><td>组员六</td><td>组员七</td><td>组员八</td><td>总评</td></tr>
<tr><td>得分</td><td></td><td></td><td></td><td></td><td></td><td></td><td></td><td></td><td></td></tr>
</table>
小组互评：
<table>
<tr><td>组名</td><td>第一组</td><td>第二组</td><td>第三组</td><td>第四组</td><td>第五组</td><td>第六组</td><td>第七组</td></tr>
<tr><td>得分</td><td></td><td></td><td></td><td></td><td></td><td></td><td></td></tr>
<tr><td>组名</td><td>第八组</td><td>第九组</td><td>第十组</td><td>第十一组</td><td>第十二组</td><td>第十三组</td><td>第十四组</td></tr>
<tr><td>得分</td><td></td><td></td><td></td><td></td><td></td><td></td><td></td></tr>
</table>
个人总评：</td></tr>
</table>

【任务实践指导】 根据客流调查数据进行客流分析

任务描述

1. 在“任务二”中完成了客流调查，得到了客流的一系列数据以后，在本任务中对这些数据进行分析，以了解地铁客流在时间和空间上的分布特征。
2. 对分析的结果用图片、表格及文本报告的形式进行总结表示。
3. 上述任务完成后，进行小组自评和互评，最后教师讲评，取长补短，开拓完善知识内容。

职业岗位

站务员、车站值班员、值班站长、地铁公司相关管理人员等应掌握此任务。

实践指导

1. 实训场地、设备及人员安排

(1) 场地、工具准备：教室、郑州地铁站，纸、笔，计算机。

(2) 人员安排：学生按人数分为 6 ~ 8 人一组。

2. 实践考核

各小组以 PPT 形式汇报客流分析成果。

任务四 客流预测

【学生工作页】 (6-4)

<table>
<tr><td>班级：</td><td>学号：</td><td>姓名：</td><td>小组：</td></tr>
<tr><td>学习性工作任务</td><td colspan="3">6.4 客流预测</td></tr>
<tr><td>实践性工作任务</td><td colspan="2">分析郑州地铁客流状况，对未来客流进行预测</td><td>参考学时：2</td></tr>
<tr><td colspan="4">【知识技能要求】
1. 了解客流预测影响因素，掌握客流预测的几种方法。
2. 能灵活运用正确的方法进行客流预测。</td></tr>
<tr><td>资讯：任务准备阶段</td><td colspan="3">【引导文】
1. 在城轨交通规划与设计的各个阶段，客流预测的重点分布是？</td></tr>
</table>

资讯：任务准备阶段	2. 什么是四阶段客流预测模式？

资讯：任务准备阶段	3. 客流预测的方法有哪些？

<table>
<tr><td rowspan="3">计划与决策：任务实施方案制定阶段</td><td>查阅资料获取信息</td><td>1. 复习《城市轨道交通概论》中与客运相关的章节内容。
2. 参考《城市轨道交通客运组织》(机械工业出版社，裴瑞江)中的相关内容。
3. 浏览郑州、广州、上海地铁等网站，了解各城市地铁线路和车站客流状况。</td></tr>
<tr><td>教师指导任务要点</td><td>1. 通过“引导文”学习本任务应掌握的知识要点。
2. 指导学生根据客流量数据进行客流预测。</td></tr>
<tr><td>任务实施方案制定</td><td></td></tr>
<tr><td rowspan="3">任务实施</td><td>时间：</td><td>地点：</td></tr>
<tr><td colspan="2">实施要点：</td></tr>
<tr><td colspan="2">实施过程记录另附。</td></tr>
<tr><td>评价</td><td colspan="2">通过个人工作页的完成质量，结合小组代表成果展示，完成本次工作任务的检查与评价。
自评分数：
组内互评：</td></tr>
</table>

评价人	组员一	组员二	组员三	组员四	组员五	组员六	组员七	组员八	总评
得分									

小组互评：

组名	第一组	第二组	第三组	第四组	第五组	第六组	第七组
得分							
组名	第八组	第九组	第十组	第十一组	第十二组	第十三组	第十四组
得分							

个人总评：

【任务实践指导】 根据客流调查数据进行客流预测

任务描述

1. 根据所调查的客流量数据，结合实际，选择适当的客流预测方法，对客流进行预测，并对预测的结果用图片、表格及文本报告的形式进行总结。
2. 分析总结影响客流预测的因素都有哪些。
3. 总结不同的客流预测方法分别适用于什么情况。
4. 上述任务完成后，进行小组自评和互评，最后教师讲评，取长补短，开拓完善知识内容。

职业岗位

站务员、车站值班员、值班站长、地铁公司相关管理人员等应掌握此任务。

实践指导

1. 实训场地、设备及人员安排

(1) 场地、工具准备：教室、郑州地铁站，纸、笔，计算机。

(2) 人员安排：学生按人数分为 6～8 人一组。

2. 实践考核

各小组以 PPT 形式汇报客流预测结果。

项目七
城市轨道交通乘客事务处理

任务一　乘客投诉处理

【学生工作页】　(7–1)

<table>
<tr><td>班级：</td><td>学号：</td><td>姓名：</td><td>小组：</td></tr>
<tr><td>学习性工作任务</td><td colspan="3">7.1　乘客投诉处理</td></tr>
<tr><td>实践性工作任务</td><td colspan="2">演练乘客投诉情况下的正确处理程序</td><td>参考学时：2</td></tr>
<tr><td colspan="4">【知识技能要求】
1. 掌握乘客投诉的处理原则。
2. 掌握乘客投诉受理标准。
3. 掌握乘客投诉处理办法。
4. 演练乘客投诉处理案例。</td></tr>
<tr><td>资讯：任务准备阶段</td><td colspan="3">【引导文】
1. 乘客投诉的处理原则？</td></tr>
</table>

资讯：任务准备阶段	2. 乘客投诉处理要求？ 3. 乘客投诉受理标准？

资讯：任务准备阶段	4. 乘客投诉处理方法？ 5. 乘客投诉回复时间是如何规定的？ 6. 乘客意见如何管理？

<table>
<tr><td rowspan="3">计划与决策：</td><td rowspan="3">任务实施方案制定阶段</td><td>查阅资料
获取信息</td><td colspan="2">1. 复习《城市轨道交通概论》中关于乘客事务工作内容的章节。
2. 参考《城市轨道交通客运组织》(机械工业出版社，裴瑞江)中的相关内容。
3. 浏览北京、广州、上海、深圳、南京、沈阳地铁等网站，查找各公司关于乘客投诉的有关规定。</td></tr>
<tr><td>教师指导
任务要点</td><td colspan="2">1. 通过“引导文”学习本任务应掌握的知识要点。
2. 应明确乘客投诉对城轨企业形象的影响。
3. 注意准确运用乘客投诉的处理方法，因人而异。
4. 注意演练时各种处理方法的配合。</td></tr>
<tr><td>任务实施
方案制定</td><td colspan="2"></td></tr>
<tr><td colspan="2" rowspan="3">任务实施</td><td colspan="2">时间：</td><td>地点：</td></tr>
<tr><td colspan="3">实施要点：</td></tr>
<tr><td colspan="3">实施过程记录另附。</td></tr>
<tr><td colspan="2">评价</td><td colspan="3">通过个人工作页的完成质量，结合小组代表成果展示，完成本次工作任务的检查与评价。
自评分数：
组内互评：
<table>
<tr><td>评价人</td><td>组员一</td><td>组员二</td><td>组员三</td><td>组员四</td><td>组员五</td><td>组员六</td><td>组员七</td><td>组员八</td><td>总评</td></tr>
<tr><td>得分</td><td></td><td></td><td></td><td></td><td></td><td></td><td></td><td></td><td></td></tr>
</table>
小组互评：
<table>
<tr><td>组名</td><td>第一组</td><td>第二组</td><td>第三组</td><td>第四组</td><td>第五组</td><td>第六组</td><td>第七组</td></tr>
<tr><td>得分</td><td></td><td></td><td></td><td></td><td></td><td></td><td></td></tr>
<tr><td>组名</td><td>第八组</td><td>第九组</td><td>第十组</td><td>第十一组</td><td>第十二组</td><td>第十三组</td><td>第十四组</td></tr>
<tr><td>得分</td><td></td><td></td><td></td><td></td><td></td><td></td><td></td></tr>
</table>
个人总评：</td></tr>
</table>

【任务实践指导】 乘客投诉处理

任务描述

作为城市轨道交通的客运服务部门，在服务过程中引起乘客投诉是很正常的，我们要坚持安全第一、乘客至上原则，不推脱责任，先处理情感，后处理事件，包容乘客。

学生模拟演练教材《城轨客运组织》第 195 页中的“案例”，学会正确及时处理乘客投诉。

职业岗位

车站值班站长、客运值班员、站务员站台巡视岗、站务员客服中心岗应掌握此任务。

实践指导

1. 实训场地、设备及人员安排

(1) 场地、工具准备：城轨站务综合实训室、客服中心模拟台。

(2) 人员安排：学生按车站分组，安排车站值班站长 1 人，行车值班员 1 人，客运值班员 1 人，站务员站台巡视岗 1 人、站务员客服中心岗 1 人。

2. 实践要求

任务实施前认真阅读教材《城轨客运组织》第 193 页 ~ 195 页中有关“乘客投诉处理”部分内容，编写并提交任务实施脚本、任务实施视频资料。整个任务中要包含下列内容：① 受理乘客投诉；② 处理乘客投诉；③ 投诉结果上报。

任务二　乘客轻微客伤处理

【学生工作页】　(7–2)

<table>
<tr><td>班级：</td><td colspan="2">学号：</td><td>姓名：</td><td>小组：</td></tr>
<tr><td colspan="2">学习性工作任务</td><td colspan="3">7.2　乘客轻微客伤处理</td></tr>
<tr><td colspan="2">实践性工作任务</td><td colspan="2">演练乘客轻微客伤的正确处理程序</td><td>参考学时：2</td></tr>
<tr><td colspan="5">【知识技能要求】
1. 掌握轻微客伤的处理原则。
2. 掌握乘客人身伤害的范围。
3. 掌握乘客轻微客伤的现场处理。
4. 演练乘客轻微客伤的处理流程。</td></tr>
<tr><td>资讯：任务准备阶段</td><td colspan="4">【引导文】
1. 轻微客伤的概念？

2. 轻微客伤的处理原则？</td></tr>
</table>

资讯：任务准备阶段	3. 乘客人身伤害范围是如何规定的？ 4. 轻微客伤现场处理流程？

阶段		
资讯：任务准备阶段	5. 伤亡紧急处理经费管理？	
计划与决策：任务实施方案制定阶段	查阅资料获取信息	1. 复习《城市轨道交通概论》中关于乘客事务工作内容的章节。 2. 参考《城市轨道交通客运组织》(机械工业出版社，裴瑞江)中的相关内容。 3. 浏览北京、广州、上海、深圳、南京、沈阳地铁等网站，查找各公司关于处理轻微客伤的有关规定。
	教师指导任务要点	1. 通过“引导文”学习本任务应掌握的知识要点。 2. 应明确处理轻微客伤对城轨企业形象的影响。 3. 注意准确执行轻微客伤的处理工作流程。 4. 注意演练时运用有效设备处理轻微客伤。
	任务实施方案制定	

<table>
<tr><td rowspan="3">任务实施</td><td>时间：</td><td>地点：</td></tr>
<tr><td colspan="2">实施要点：</td></tr>
<tr><td colspan="2">实施过程记录另附。</td></tr>
<tr><td>评价</td><td colspan="2">
通过个人工作页的完成质量，结合小组代表成果展示，完成本次工作任务的检查与评价。
自评分数：
组内互评：
<table>
<tr><td>评价人</td><td>组员一</td><td>组员二</td><td>组员三</td><td>组员四</td><td>组员五</td><td>组员六</td><td>组员七</td><td>组员八</td><td>总评</td></tr>
<tr><td>得分</td><td></td><td></td><td></td><td></td><td></td><td></td><td></td><td></td><td></td></tr>
</table>
小组互评：
<table>
<tr><td>组名</td><td>第一组</td><td>第二组</td><td>第三组</td><td>第四组</td><td>第五组</td><td>第六组</td><td>第七组</td></tr>
<tr><td>得分</td><td></td><td></td><td></td><td></td><td></td><td></td><td></td></tr>
<tr><td>组名</td><td>第八组</td><td>第九组</td><td>第十组</td><td>第十一组</td><td>第十二组</td><td>第十三组</td><td>第十四组</td></tr>
<tr><td>得分</td><td></td><td></td><td></td><td></td><td></td><td></td><td></td></tr>
</table>
个人总评：
</td></tr>
</table>

【任务实践指导】 乘客轻微客伤的处理

任务描述

1. 利用实训室站台、站厅设备和医药箱等相关设备，设计轻微客伤的模拟现场，学生根据所学知识，分小组进行角色扮演，练习轻微客伤的现场处理。

2. 上述任务完成后，进行小组自评和互评，最后教师讲评，取长补短，开拓完善知识内容。

职业岗位

车站值班站长、客运值班员、站务员站台和站厅巡视岗、站务员客服中心岗应掌握此任务。

实践指导

1. 实训场地、设备及人员安排

(1) 场地、工具准备：城轨站务综合实训室、客服中心模拟台。

(2) 人员安排：学生按车站分组，安排车站值班站长 1 人，客运值班员 1 人，站务员站台和站厅巡视岗各 1 人、站务员客服中心岗 1 人。

2. 实践要求

任务实施前认真阅读教材《城轨客运组织》第 196 页～197 页中有关“乘客轻微客伤的处理”部分内容，编写并提交任务实施脚本、任务实施视频资料。整个任务中要包含下列内容：

(1) 车站在处理客伤事件时要以维护地铁公司形象、保护地铁公司最大利益为原则，以人为本，给予乘客以必要的帮助。

(2) 车站在处理客伤事件时要第一时间进行取证，尽可能得到旁证及当事人签字确认。以事实为依据，客观记录，充分留下原始资料。

(3) 及时将(前期)处理结果报告相关部门，以备后续处理。

任务三　乘客失物处理

【学生工作页】　(7–3)

<table>
<tr><td colspan="2">班级：</td><td>学号：</td><td>姓名：</td><td>小组：</td></tr>
<tr><td>学习性工作任务</td><td colspan="4">7.3　乘客失物处理</td></tr>
<tr><td>实践性工作任务</td><td colspan="3">演练乘客失物正确处理程序</td><td>参考学时：2</td></tr>
<tr><td colspan="5">【知识技能要求】
1. 掌握乘客失物的处理原则。
2. 掌握失物处理工作程序。
3. 掌握失物认领工作程序。
4. 掌握失物存放及保管规定。
5. 掌握无人认领失物的处理。
6. 演练乘客失物的处理流程。</td></tr>
<tr><td>资讯：任务准备阶段</td><td colspan="4">【引导文】
1. 乘客失物的处理原则？</td></tr>
</table>

资讯：任务准备阶段	2. 一般失物处理程序？ 3. 特殊失物处理程序？

资讯：任务准备阶段	4. 贵重物品如何交接？

资讯：任务准备阶段	5. 一般失物认领程序？ 6. 现金的认领程序及要求？

资讯：任务准备阶段	7. 失物存放及保管规定？ 8. 无人认领失物的处理？

<table>
<tr><td rowspan="3">计划与决策：</td><td rowspan="3">任务实施方案制定阶段</td><td>查阅资料获取信息</td><td colspan="2">1. 复习《城市轨道交通概论》中关于乘客事务工作内容的章节。
2. 参考《城市轨道交通客运组织》(机械工业出版社，裴瑞江)中的相关内容。
3. 浏览北京、广州、上海、深圳、南京、沈阳地铁等网站，查找各公司关于乘客失物处理的有关规定。</td></tr>
<tr><td>教师指导任务要点</td><td colspan="2">1. 通过“引导文”学习本任务应掌握的知识要点。
2. 应明确处理乘客失物对城轨企业形象的影响。
3. 注意准确执行乘客失物的处理工作流程。
4. 注意演练时根据相关情况和规定处理乘客失物。</td></tr>
<tr><td>任务实施方案制定</td><td colspan="2"></td></tr>
<tr><td rowspan="3">任务实施</td><td colspan="3">时间：</td><td>地点：</td></tr>
<tr><td colspan="4">实施要点：</td></tr>
<tr><td colspan="4">实施过程记录另附。</td></tr>
<tr><td>评价</td><td colspan="4">通过个人工作页的完成质量，结合小组代表成果展示，完成本次工作任务的检查与评价。
自评分数：
组内互评：
（见下表一）
小组互评：
（见下表二）
个人总评：</td></tr>
</table>

评价人	组员一	组员二	组员三	组员四	组员五	组员六	组员七	组员八	总评
得分									

组名	第一组	第二组	第三组	第四组	第五组	第六组	第七组
得分							
组名	第八组	第九组	第十组	第十一组	第十二组	第十三组	第十四组
得分							

【任务实践指导】 乘客失物的处理

任务描述

1. 设计乘客丢失物品的模拟现场，学生根据所学知识，分小组进行角色扮演，练习乘客丢失物品的现场处理。

2. 上述任务完成后，进行小组自评和互评，最后教师讲评，取长补短，开拓完善知识内容。

职业岗位

车站值班站长、客运值班员、站务员站台和站厅巡视岗、站务员客服中心岗应掌握此任务。

实践指导

1. 实训场地、设备及人员安排

(1) 场地、工具准备：城轨站务综合实训室、客服中心模拟台。

(2) 人员安排：学生按车站分组，安排车站值班站长 1 人，客运值班员 1 人，站务员站台和站厅巡视岗各 1 人、站务员客服中心岗 1 人。

2. 实践要求

任务实施前认真阅读教材《城轨客运组织》第 198 页 ~ 201 页中有关“乘客失物处理”部分内容，编写并提交任务实施脚本、任务实施视频资料。整个任务中要包含下列内容：

(1) 一般失物处理和特殊失物处理。

(2) 一般失物认领和现金等贵重物品认领。

(3) 对失物进行存放和保管。

实践指导

1. 实训场地、设备及人员安排

(1) 场地、工具准备：城轨站务综合实训室—客服中心模拟台

(2) 人员安排：学生按5人分组，安排车站值班站长1人，客运值班员1人，站务员站台和站厅巡视岗各1人，站务员客服中心岗1人。

2. 实践要求

任务实施前认真阅读教材《城轨客运组织》第198页～201页中有关"乘客失物处理"部分内容，编写并提交任务实施脚本，任务实施视频资料。整个任务中要包含下列内容：

(1) 一般失物处理和特殊失物处理。

(2) 一般失物认领和现金等贵重物品认领。

(3) 对失物进行存放和保管。

任务四　乘客物品掉落轨道的处理

【学生工作页】　(7–4)

<table>
<tr><td>班级：</td><td>学号：</td><td>姓名：</td><td>小组：</td></tr>
<tr><td>学习性工作任务</td><td colspan="3">7.4　乘客物品掉落轨道的处理</td></tr>
<tr><td>实践性工作任务</td><td colspan="2">演练乘客物品掉落轨道的正确处理程序</td><td>参考学时：2</td></tr>
<tr><td colspan="4">【知识技能要求】
1. 掌握站台巡视岗处理乘客物品掉落轨道的程序。
2. 掌握行车值班员处理乘客物品掉落轨道的程序。
3. 掌握值班站长处理乘客物品掉落轨道的程序。
4. 掌握站厅巡视岗处理乘客物品掉落轨道的程序。
5. 掌握行调处理乘客物品掉落轨道的程序。
6. 演练乘客物品掉落轨道的处理流程。</td></tr>
<tr><td>资讯：任务准备阶段</td><td colspan="3">【引导文】
1. 站台巡视岗处理乘客物品掉落轨道的程序？

2. 行车值班员处理乘客物品掉落轨道的程序？

</td></tr>
</table>

资讯：任务准备阶段	3. 值班站长处理乘客物品掉落轨道的程序？ 4. 站厅巡视岗处理乘客物品掉落轨道的程序？

<table>
<tr><td>资讯：任务准备阶段</td><td colspan="2">5. 行调处理乘客物品掉落轨道的程序？</td></tr>
<tr><td rowspan="3">计划与决策：任务实施方案制定阶段</td><td>查阅资料获取信息</td><td>1. 复习《城市轨道交通概论》中关于乘客事务工作内容的章节。
2. 参考《城市轨道交通客运组织》(机械工业出版社，裴瑞江)中的相关内容。
3. 浏览北京、广州、上海、深圳、南京、沈阳地铁等网站，查找各公司关于乘客物品掉落轨道处理的有关规定。</td></tr>
<tr><td>教师指导任务要点</td><td>1. 通过“引导文”学习本任务应掌握的知识要点。
2. 应明确处理乘客物品掉落轨道对城轨企业形象的影响。
3. 注意准确执行乘客物品掉落轨道的处理工作流程。
4. 注意演练时根据相关情况和规定处理乘客物品掉落轨道。</td></tr>
<tr><td>任务实施方案制定</td><td></td></tr>
<tr><td rowspan="3">任务实施</td><td colspan="2">时间：　　　　　　　　　　地点：</td></tr>
<tr><td colspan="2">实施要点：</td></tr>
<tr><td colspan="2">实施过程记录另附。</td></tr>
<tr><td>评价</td><td colspan="2">通过个人工作页的完成质量，结合小组代表成果展示，完成本次工作任务的检查与评价。
自评分数：
组内互评：</td></tr>
</table>

评价人	组员一	组员二	组员三	组员四	组员五	组员六	组员七	组员八	总评
得分									

小组互评：

组名	第一组	第二组	第三组	第四组	第五组	第六组	第七组
得分							
组名	第八组	第九组	第十组	第十一组	第十二组	第十三组	第十四组
得分							

个人总评：

【任务实践指导】 乘客物品掉落轨道的处理

任务描述

1. 设计乘客物品掉落轨道的模拟现场，学生根据所学知识，分小组进行角色扮演，练习乘客物品掉落轨道的现场处理。

2. 上述任务完成后，进行小组自评和互评，最后教师讲评，取长补短，开拓完善知识内容。

职业岗位

车站值班站长、客运值班员、站务员站台和站厅巡视岗、站务员客服中心岗应掌握此任务。

实践指导

1. 实训场地、设备及人员安排

(1) 场地、工具准备：城轨站务综合实训室、客服中心模拟台。

(2) 人员安排：学生按车站分组，安排车站值班站长 1 人，客运值班员 1 人，站务员站台和站厅巡视岗各 1 人、站务员客服中心岗 1 人。

2. 实践要求

任务实施前认真阅读教材《城轨客运组织》第 201 页～202 页中有关“乘客物品掉落轨道”部分内容，编写并提交任务实施脚本、任务实施视频资料。整个任务中要包含下列内容：

(1) 站台巡视岗处理乘客物品掉落轨道的程序。

(2) 行车值班员处理乘客物品掉落轨道的程序。

(3) 值班站长处理乘客物品掉落轨道的程序。

(4) 站厅巡视岗处理乘客物品掉落轨道的程序。

(5) 行调处理乘客物品掉落轨道的程序。

项目八
突发事件处理

任务一　屏蔽门处理

【学生工作页】　(8–1)

<table>
<tr><td>班级：</td><td>学号：</td><td>姓名：</td><td>小组：</td></tr>
<tr><td>学习性工作任务</td><td colspan="3">8.1　屏蔽门处理</td></tr>
<tr><td>实践性工作任务</td><td colspan="2">演练屏蔽门正确处理程序</td><td>参考学时：2</td></tr>
<tr><td colspan="4">【知识技能要求】
1. 掌握屏蔽门在各种情况下的正确操作作业程序。
2. 演练各种故障现象下屏蔽门的操作处理流程。</td></tr>
<tr><td>资讯：任务准备阶段</td><td colspan="3">【引导文】
1. 屏蔽门关键指引原则？</td></tr>
</table>

资讯：任务准备阶段

2. 屏蔽门故障各岗位人员行动指引？

屏蔽门故障各岗位人员行动指引

故障现象	岗位	行动指引
1. 屏蔽门玻璃破碎	站台保安	
	行车值班员	
	值班站长	

资讯：任务准备阶段	2. 使用PSL的专用锁匙断在锁孔中的处理	司机	
		行车值班员	
		站台保安	
		行调	
		运行前方站值班站长	

资讯：任务准备阶段	3. 列车进站时自动或紧急停车	司机	
		行调	
		行车值班员	
		站台保安	

资讯：任务准备阶段			
	4. 列车到站后整侧滑动门不能同步开/关	司机	
		行调	
	5. 列车到站后，一个或数个滑动门不能正常打开	司机	
		站台保安	
		行车值班员	
		值班站长	
		行调	
		后续列车司机	

资讯：任务准备阶段		6. 列车到站后，整侧滑动门不能打开(使用PSL仍不能开启)	司机	
			行车值班员	
			站台保安	
			值班站长及车站其他员工	

<table>
<tr><td rowspan="7">资讯：任务准备阶段</td><td rowspan="2">6. 列车到站后，整侧滑动门不能打开(使用 PSL 仍不能开启)</td><td>行调</td><td></td></tr>
<tr><td>后续列车司机</td><td></td></tr>
<tr><td rowspan="4">7. 列车发车前，一档或多档滑动门不能正常关闭</td><td>站台保安</td><td></td></tr>
<tr><td>行车值班员</td><td></td></tr>
<tr><td>值班站长</td><td></td></tr>
<tr><td>司机</td><td></td></tr>
</table>

资讯：任务准备阶段	8. 列车发车时，整侧滑动门不能正常关闭（操作PSL仍不能关闭）	司机	
		站台保安	
		行车值班员	
		值班站长	
		行调	
		后续列车司机	

资讯：任务准备阶段	9. 列车发车时收不到速度码，但屏蔽门头灯状态指示灯无报警	司机	
		行车值班员	
		站台保安	
	10. 使用PSL关闭屏蔽门，打到“禁止”位后屏蔽门自动打开	司机	
		行车值班员	
		站台保安	
		行调	

资讯：任务准备阶段	11. 列车启动后突然紧急制动	司机	
		行调	
		行车值班员	
		站台保安	

<table>
<tr><td rowspan="3">资讯：任务准备阶段</td><td rowspan="3">12. 使用互锁解除接发列车</td><td>行车值班员</td><td></td></tr>
<tr><td>站台保安</td><td></td></tr>
<tr><td>值班站长</td><td></td></tr>
<tr><td rowspan="3">计划与决策：任务实施方案制定阶段</td><td colspan="2">查阅资料获取信息</td><td>1. 复习《城市轨道交通概论》中关于突发事件处理的章节内容。
2. 参考《城市轨道交通客运组织》(机械工业出版社，裴瑞江)中的相关内容。
3. 浏览北京、广州、上海、深圳、南京、沈阳地铁等网站，查找各公司关于屏蔽门故障处理的有关规定。</td></tr>
<tr><td colspan="2">教师指导任务要点</td><td>1. 通过“引导文”学习本任务应掌握的知识要点。
2. 应明确处理屏蔽门故障对城轨企业形象的影响。
3. 注意准确执行屏蔽门故障的处理工作流程。
4. 注意演练时根据相关情况和规定处理屏蔽门故障。</td></tr>
<tr><td colspan="2">任务实施方案制定</td><td></td></tr>
</table>

<table>
<tr><td rowspan="3">任务实施</td><td>时间：</td><td>地点：</td></tr>
<tr><td colspan="2">实施要点：</td></tr>
<tr><td colspan="2">实施过程记录另附。</td></tr>
<tr><td>评价</td><td colspan="2">通过个人工作页的完成质量，结合小组代表成果展示，完成本次工作任务的检查与评价。
自评分数：
组内互评：
<table>
<tr><td>评价人</td><td>组员一</td><td>组员二</td><td>组员三</td><td>组员四</td><td>组员五</td><td>组员六</td><td>组员七</td><td>组员八</td><td>总评</td></tr>
<tr><td>得分</td><td></td><td></td><td></td><td></td><td></td><td></td><td></td><td></td><td></td></tr>
</table>
小组互评：
<table>
<tr><td>组名</td><td>第一组</td><td>第二组</td><td>第三组</td><td>第四组</td><td>第五组</td><td>第六组</td><td>第七组</td></tr>
<tr><td>得分</td><td></td><td></td><td></td><td></td><td></td><td></td><td></td></tr>
<tr><td>组名</td><td>第八组</td><td>第九组</td><td>第十组</td><td>第十一组</td><td>第十二组</td><td>第十三组</td><td>第十四组</td></tr>
<tr><td>得分</td><td></td><td></td><td></td><td></td><td></td><td></td><td></td></tr>
</table>
个人总评：</td></tr>
</table>

【任务实践指导】 模拟演练屏蔽门故障处理流程

任务描述

本任务要求掌握屏蔽门故障处理的基本要求及各岗位工作人员的职责范围与工作重点。

1. 根据所学知识，按本任务中介绍的屏蔽门可能出现的 12 种故障设计模拟现场，分小组进行角色扮演，模拟演练屏蔽门出现 12 种故障时的现场应急处理程序。

2. 上述任务完成后，进行小组自评和互评，最后教师讲评，取长补短，开拓完善知识内容。

职业岗位

车站值班站长、客运值班员、站务员站台巡视岗、站务员客服中心岗应掌握此任务。

实践指导

1. 实训场地、设备及人员安排

(1) 场地、工具准备：城轨站务综合实训室、客服中心模拟台。

(2) 人员安排：学生按车站分组，安排车站值班站长 1 人，客运值班员 1 人，站务员站台巡视岗各 1 人、站务员客服中心岗 1 人。

2. 实践要求

任务实施前认真阅读教材《城轨客运组织》第 204 页 ~ 208 页中有关“屏蔽门故障处理”部分内容，编写并提交任务实施脚本、任务实施视频资料。整个任务中要包含下列内容：

(1) 屏蔽门 12 种故障的正确处理程序。

(2) 各岗位的配合。

任务二　列车车门/屏蔽门夹人夹物处理

【学生工作页】　(8–2)

<table>
<tr><td>班级：</td><td>学号：</td><td>姓名：</td><td>小组：</td></tr>
<tr><td>学习性工作任务</td><td colspan="3">8.2　列车车门/屏蔽门夹人夹物处理</td></tr>
<tr><td>实践性工作任务</td><td colspan="2">演练列车车门/屏蔽门夹人夹物处理程序</td><td>参考学时：2</td></tr>
<tr><td colspan="4">【知识技能要求】
1. 掌握列车未启动时各岗位人员行动指引。
2. 掌握列车已启动时各岗位人员行动指引。
3. 掌握接报非站台侧车门夹人夹物后各岗位人员行动指引。
4. 掌握汇报时的标准用语。
5. 演练列车车门/屏蔽门夹人夹物的处理流程。</td></tr>
<tr><td>资讯：任务准备阶段</td><td colspan="3">【引导文】
1. 列车车门/屏蔽门夹人夹物处理的关键指引？</td></tr>
</table>

资讯：任务准备阶段

2. 列车未启动时各岗位人员行动指引？

列车未启动时各岗位人员行动指引

岗位	行动指引
站台保安	
行车值班员	
值班站长	
司机	

资讯：任务准备阶段

行调	

3. 列车已启动时各岗位人员行动指引？

列车已启动时各岗位人员行动指引

岗位	行动指引
站台保安	
行车值班员	
值班站长	
行调	

资讯：任务准备阶段

司机	

4. 接报非站台侧车门夹人夹物后各岗位人员行动指引？

接报非站台侧车门夹人夹物后各岗位人员行动指引

岗位	行动指引
接报站站台工作人员(含站台保安及支援人员)	

资讯：任务准备阶段	接报站行车值班员	
	接报站值班站长	

资讯：任务准备阶段	行调	
	司机	

<table>
<tr><td>资讯：任务准备阶段</td><td colspan="2">5. 汇报时的标准用语？</td></tr>
<tr><td rowspan="3">计划与决策：任务实施方案制定阶段</td><td>查阅资料获取信息</td><td>1. 复习《城市轨道交通概论》中关于突发事件处理内容的章节。
2. 参考《城市轨道交通客运组织》(机械工业出版社，裴瑞江)中的相关内容。
3. 浏览北京、广州、上海、深圳、南京、沈阳地铁等网站，查找各公司关于车门/屏蔽门夹人夹物处理的有关规定。</td></tr>
<tr><td>教师指导任务要点</td><td>1. 通过“引导文”学习本任务应掌握的知识要点。
2. 应明确处理车门/屏蔽门夹人夹物对城轨企业形象的影响。
3. 注意准确执行车门/屏蔽门夹人夹物的处理工作流程。
4. 注意演练时根据相关情况和规定处理车门/屏蔽门夹人夹物。</td></tr>
<tr><td>任务实施方案制定</td><td></td></tr>
<tr><td rowspan="3">任务实施</td><td>时间：</td><td>地点：</td></tr>
<tr><td colspan="2">实施要点：</td></tr>
<tr><td colspan="2">实施过程记录另附。</td></tr>
</table>

评价

通过个人工作页的完成质量，结合小组代表成果展示，完成本次工作任务的检查与评价。

自评分数：

组内互评：

评价人	组员一	组员二	组员三	组员四	组员五	组员六	组员七	组员八	总评
得分									

小组互评：

组名	第一组	第二组	第三组	第四组	第五组	第六组	第七组
得分							
组名	第八组	第九组	第十组	第十一组	第十二组	第十三组	第十四组
得分							

个人总评：

【任务实践指导】 模拟演练列车车门/屏蔽门夹人夹物处理流程

任务描述

设计模拟现场，学生根据所学知识，分小组进行角色扮演。

1. 分岗位模拟列车未启动时车门/屏蔽门夹人夹物的处理程序。
2. 分岗位模拟列车已启动时车门/屏蔽门夹人夹物的处理程序。
3. 分岗位模拟非站台侧车门夹人夹物的处理程序。
4. 上述任务完成后，进行小组自评和互评，最后教师讲评，取长补短，开拓完善知识内容。

职业岗位

车站值班站长、客运值班员、站务员站台巡视岗应掌握此任务。

实践指导

1. 实训场地、设备及人员安排

(1) 场地、工具准备：城轨站务综合实训室、屏蔽门钥匙等。

(2) 人员安排：学生按车站分组，安排车站值班站长 1 人，客运值班员 1 人，站务员站台巡视岗各 1 人、站务员客服中心岗 1 人。

2. 实践要求

任务实施前认真阅读教材《城轨客运组织》第 208 页～210 页中有关“列车车门/屏蔽门夹人夹物处理”部分内容，编写并提交任务实施脚本、任务实施视频资料。整个任务中要包含下列内容：

(1) 列车未启动时车门/屏蔽门夹人夹物的处理程序。

(2) 列车已启动时车门/屏蔽门夹人夹物的处理程序。

(3) 非站台侧车门夹人夹物的处理程序。

任务三　地铁道床伤亡处理

【学生工作页】　(8–3)

<table>
<tr><td>班级：</td><td>学号：</td><td>姓名：</td><td>小组：</td></tr>
<tr><td>学习性工作任务</td><td colspan="3">8.3　地铁道床伤亡处理</td></tr>
<tr><td>实践性工作任务</td><td colspan="2">演练地铁道床伤亡处理程序</td><td>参考学时：2</td></tr>
<tr><td colspan="4">【知识技能要求】
1. 掌握轨道交通道床伤亡事故的信息传递。
2. 掌握轨道交通道床伤亡事故的处置方案。
3. 掌握轨道交通道床伤亡事故的处置要求。
4. 演练轨道交通道床伤亡事故的处置方案流程。</td></tr>
<tr><td>资讯：任务准备阶段</td><td colspan="3">【引导文】
1. 轨道交通道床伤亡事故的信息传递？</td></tr>
</table>

资讯：任务准备阶段	2. 车站道床伤亡事故的处置方案？

资讯：任务准备阶段	3. 地面线路道床伤亡事故的处置方案？

资讯：任务准备阶段	4. 地下区间道床伤亡事故的处置方案?

资讯：任务准备阶段	5. 道床伤亡的处置要求？

<table>
<tr><td colspan="2">资讯：任务准备阶段</td><td colspan="2"></td></tr>
<tr><td rowspan="3">计划与决策：</td><td rowspan="3">任务实施方案制定阶段</td><td>查阅资料获取信息</td><td>1. 复习《城市轨道交通概论》中关于突发事件处理工作内容的章节。
2. 参考《城市轨道交通客运组织》(机械工业出版社，裴瑞江)中的相关内容。
3. 浏览北京、广州、上海、深圳、南京、沈阳地铁等网站，查找各公司关于地铁道床伤亡处理的有关规定。</td></tr>
<tr><td>教师指导任务要点</td><td>1. 通过“引导文”学习本任务应掌握的知识要点。
2. 应明确处理地铁道床伤亡事件对城轨企业形象的影响。
3. 注意准确执行地铁道床伤亡的处理工作流程。
4. 注意演练时根据相关情况和规定处理地铁道床伤亡。</td></tr>
<tr><td>任务实施方案制定</td><td></td></tr>
</table>

<table>
<tr><td rowspan="3">任务实施</td><td>时间：</td><td>地点：</td></tr>
<tr><td colspan="2">实施要点：</td></tr>
<tr><td colspan="2">实施过程记录另附。</td></tr>
<tr><td>评价</td><td colspan="2">
通过个人工作页的完成质量，结合小组代表成果展示，完成本次工作任务的检查与评价。
自评分数：
组内互评：
<table>
<tr><td>评价人</td><td>组员一</td><td>组员二</td><td>组员三</td><td>组员四</td><td>组员五</td><td>组员六</td><td>组员七</td><td>组员八</td><td>总评</td></tr>
<tr><td>得分</td><td></td><td></td><td></td><td></td><td></td><td></td><td></td><td></td><td></td></tr>
</table>
小组互评：
<table>
<tr><td>组名</td><td>第一组</td><td>第二组</td><td>第三组</td><td>第四组</td><td>第五组</td><td>第六组</td><td>第七组</td></tr>
<tr><td>得分</td><td></td><td></td><td></td><td></td><td></td><td></td><td></td></tr>
<tr><td>组名</td><td>第八组</td><td>第九组</td><td>第十组</td><td>第十一组</td><td>第十二组</td><td>第十三组</td><td>第十四组</td></tr>
<tr><td>得分</td><td></td><td></td><td></td><td></td><td></td><td></td><td></td></tr>
</table>
个人总评：
</td></tr>
</table>

【任务实践指导】　模拟演练地铁道床伤亡处理流程

任务描述

设计模拟现场，根据所学知识，分小组进行角色扮演。

1. 分岗位模拟车站道床伤亡事故的应急处理程序。
2. 分岗位模拟地面线路道床伤亡事故的应急处理程序。
3. 分岗位模拟地下区间道床伤亡事故的应急处理程序。
4. 上述任务完成后，进行小组自评和互评，最后教师讲评，取长补短，开拓完善知识内容。

职业岗位

车站值班站长、行车值班员、行车调度员、客运值班员、站务员巡视岗、站务员客服中心岗应掌握此任务。

实践指导

1. 实训场地、设备及人员安排

(1) 场地、工具准备：城轨站务综合实训室、客服中心模拟台。

(2) 人员安排：学生按车站分组，安排车站值班站长 1 人，行车值班员 1 人，行车调度员 1 人，客运值班员 1 人，站务员巡视岗 1 人、站务员客服中心岗 1 人。

2. 实践要求

任务实施前认真阅读教材《城轨客运组织》第 211 页 ~ 217 页中有关“地铁道床伤亡处理”部分内容，编写并提交任务实施脚本、任务实施视频资料。整个任务中要包含下列内容：

(1) 车站道床伤亡事故的应急处理。

(2) 地面线路道床伤亡事故的应急处理。

(3) 地下区间道床伤亡事故的应急处理。

任务四　电梯事件处理

【学生工作页】　(8–4)

<table>
<tr><td>班级：</td><td colspan="2">学号：</td><td>姓名：</td><td>小组：</td></tr>
<tr><td colspan="2">学习性工作任务</td><td colspan="3">8.4　电梯事件处理</td></tr>
<tr><td colspan="2">实践性工作任务</td><td colspan="2">演练电梯事件处理程序</td><td>参考学时：2</td></tr>
<tr><td colspan="5">【知识技能要求】
1. 掌握垂直电梯困人应急处理程序。
2. 掌握自动扶梯伤人应急处理程序。
3. 演练电梯事件的处理流程。</td></tr>
<tr><td>资讯：任务准备阶段</td><td colspan="4">【引导文】
1. 垂直电梯困人应急处理程序？</td></tr>
</table>

资讯：任务准备阶段

2. 垂直电梯困人各岗位人员行动指引？

垂直电梯困人各岗位人员行动指引

岗位	行动指引
值班站长	
行车值班员	
客运值班员	
站厅巡视岗	
站台巡视岗	

资讯：任务准备阶段	
	其他人员	
	维修人员	
	环调	

3. 自动扶梯伤人应急处理程序？

资讯：任务准备阶段	4. 自动扶梯伤人各岗位人员行动指引？

自动扶梯伤人各岗位人员行动指引

岗位	行动指引
值班站长	
行车值班员	
客运值班员	

资讯：任务准备阶段		
	巡视岗	
	站台岗	
	其他人员	
	维修人员	
	环调	

<table>
<tr><td rowspan="3">计划与决策：</td><td rowspan="3">任务实施方案制定阶段</td><td>查阅资料获取信息</td><td colspan="2">1. 复习《城市轨道交通概论》中关于乘客事务工作内容的章节。
2. 参考《城市轨道交通客运组织》(机械工业出版社，裴瑞江)中的相关内容。
3. 浏览北京、广州、上海、深圳、南京、沈阳地铁等网站，查找各公司关于电梯事件处理的有关规定。</td></tr>
<tr><td>教师指导任务要点</td><td colspan="2">1. 通过“引导文”学习本任务应掌握的知识要点。
2. 应明确处理电梯事件对城轨企业形象的影响。
3. 注意准确执行电梯事件的处理工作流程。
4. 注意演练时根据相关情况和规定处理电梯事件。</td></tr>
<tr><td>任务实施方案制定</td><td colspan="2"></td></tr>
<tr><td rowspan="3">任务实施</td><td colspan="3">时间：</td><td>地点：</td></tr>
<tr><td colspan="4">实施要点：</td></tr>
<tr><td colspan="4">实施过程记录另附。</td></tr>
<tr><td>评价</td><td colspan="4">通过个人工作页的完成质量，结合小组代表成果展示，完成本次工作任务的检查与评价。
自评分数：
组内互评：

评价人	组员一	组员二	组员三	组员四	组员五	组员六	组员七	组员八	总评
得分									

小组互评：

组名	第一组	第二组	第三组	第四组	第五组	第六组	第七组
得分							
组名	第八组	第九组	第十组	第十一组	第十二组	第十三组	第十四组
得分							

个人总评：</td></tr>
</table>

【任务实践指导】 模拟演练电梯事件处理流程

任务描述

1. 分岗位模拟演练垂直电梯困人的现场应急处理程序。
2. 分岗位模拟演练自动扶梯伤人的现场应急处理程序。
3. 分岗位模拟演练自动扶梯紧急停止的现场应急处理程序。
4. 演练开启与关闭自动扶梯流程。
5. 分岗位模拟演练自动扶梯蛇形运行、相邻两梯级踏面防滑条不在同一直线的现场应急处理程序。
6. 分岗位模拟演练楼梯升降机不能启动的现场应急处理程序。

7. 分岗位模拟演练液压电梯无法向上运行的现场应急处理程序。

8. 分岗位模拟演练液压电梯在行驶中突然停止的现场应急处理程序。

9. 模拟演练教材《城轨客运组织》第 222 页中的案例现场，学生根据所学知识，分小组进行角色扮演，演练自动扶梯伤人的现场应急处理程序。

10. 上述任务完成后，进行小组自评和互评，最后教师讲评，取长补短，开拓完善知识内容。

职业岗位

车站值班站长、行车值班员、客运值班员、站务员巡视岗、站务员客服中心岗应掌握此任务。

实践指导

1. 实训场地、设备及人员安排

(1) 场地、工具准备：城轨站务综合实训室、客服中心模拟台。

(2) 人员安排：学生按车站分组，安排车站值班站长 1 人，行车值班员 1 人，客运值班员 1 人，站务员巡视岗各 1 人、站务员客服中心岗 1 人。

2. 实践要求

任务实施前认真阅读教材中有关“电梯故障处理”部分内容，编写并提交任务实施脚本、任务实施视频资料。整个任务中要包含下列内容：

(1) 垂直电梯困人的现场应急处理程序。

(2) 自动扶梯伤人的现场应急处理程序。

(3) 自动扶梯紧急停止的现场应急处理程序。

(4) 开启与关闭自动扶梯的流程。

(5) 自动扶梯蛇形运行，相邻两梯级踏面防滑条不在同一直线的现场应急处理程序。

(6) 楼梯升降机不能启动的现场应急处理程序。

(7) 液压电梯无法向上运行的现场应急处理程序。

(8) 液压电梯在行驶中突然停止的现场应急处理程序。

任务五　紧急解锁手柄或呼叫按钮被拉/按下的处理

【学生工作页】　(8–5)

<table>
<tr><td>班级：</td><td>学号：</td><td>姓名：</td><td>小组：</td></tr>
<tr><td>学习性工作任务</td><td colspan="3">8.5　紧急解锁手柄或呼叫按钮被拉/按下的处理</td></tr>
<tr><td>实践性工作任务</td><td colspan="2">演练紧急解锁手柄或呼叫按钮被拉/按下的处理程序</td><td>参考学时：2</td></tr>
<tr><td colspan="4">【知识技能要求】
1. 掌握列车在站台被解锁的处理程序。
2. 掌握列车未出清站台被解锁的处理程序。
3. 掌握列车在区间被解锁的处理程序。
4. 掌握乘客按压列车紧急呼叫按钮的处理程序。
5. 演练紧急解锁手柄或呼叫按钮被拉/按下的处理。</td></tr>
<tr><td>资讯：任务准备阶段</td><td colspan="3">【引导文】
1. 列车在站台被解锁的处理程序？</td></tr>
</table>

资讯：任务准备阶段	2. 列车未出清站台被解锁的处理程序？ 3. 列车在区间被解锁的处理程序？

资讯：任务准备阶段

4. 乘客按压列车紧急呼叫按钮的处理程序？

5. 紧急解锁手柄或呼叫按钮被拉/按下后各岗位人员行动指引？

紧急解锁手柄或呼叫按钮被拉/按下后各岗位人员行动指引

故障现象	岗位	行动指引
1. 乘客拉下车门紧急解锁手柄	司机	
	值班站长	

<table>
<tr><td rowspan="4">资讯：任务准备阶段</td><td rowspan="4">2. 乘客按下列车PECU(紧急停止)装置</td><td>司机</td><td></td></tr>
<tr><td>行调</td><td></td></tr>
<tr><td>站台保安</td><td></td></tr>
<tr><td>值班站长</td><td></td></tr>
<tr><td rowspan="3">计划与决策：任务实施方案制定阶段</td><td>查阅资料获取信息</td><td colspan="2">1. 复习《城市轨道交通概论》中关于乘客事务工作内容的章节。
2. 参考《城市轨道交通客运组织》(机械工业出版社，裴瑞江)相关内容。
3. 浏览北京、广州、上海、深圳、南京、沈阳地铁等网站，查找各公司关于处理紧急解锁手柄或呼叫按钮被拉/按下的有关规定。</td></tr>
<tr><td>教师指导任务要点</td><td colspan="2">1. 通过“引导文”学习本任务应掌握的知识要点。
2. 应明确处理紧急解锁手柄或呼叫按钮被拉/按下对城轨企业形象的影响。
3. 注意准确处理紧急解锁手柄或呼叫按钮被拉/按的工作流程。
4. 注意演练时根据相关情况和规定处理紧急解锁手柄或呼叫按钮被拉/按下。</td></tr>
<tr><td>任务实施方案制定</td><td colspan="2"></td></tr>
</table>

<table>
<tr><td rowspan="3">任务实施</td><td>时间：</td><td>地点：</td></tr>
<tr><td colspan="2">实施要点：</td></tr>
<tr><td colspan="2">实施过程记录另附。</td></tr>
<tr><td>评价</td><td colspan="2">通过个人工作页的完成质量，结合小组代表成果展示，完成本次工作任务的检查与评价。
自评分数：
组内互评：
<table>
<tr><td>评价人</td><td>组员一</td><td>组员二</td><td>组员三</td><td>组员四</td><td>组员五</td><td>组员六</td><td>组员七</td><td>组员八</td><td>总评</td></tr>
<tr><td>得分</td><td></td><td></td><td></td><td></td><td></td><td></td><td></td><td></td><td></td></tr>
</table>
小组互评：
<table>
<tr><td>组名</td><td>第一组</td><td>第二组</td><td>第三组</td><td>第四组</td><td>第五组</td><td>第六组</td><td>第七组</td></tr>
<tr><td>得分</td><td></td><td></td><td></td><td></td><td></td><td></td><td></td></tr>
<tr><td>组名</td><td>第八组</td><td>第九组</td><td>第十组</td><td>第十一组</td><td>第十二组</td><td>第十三组</td><td>第十四组</td></tr>
<tr><td>得分</td><td></td><td></td><td></td><td></td><td></td><td></td><td></td></tr>
</table>
个人总评：</td></tr>
</table>

【任务实践指导】 模拟演练紧急解锁手柄或呼叫按钮被拉/按下的处理流程

任务描述

根据所学知识，分小组进行角色扮演，模拟演练以下乘客事物处理程序：

1. 列车在站台被解锁的处理程序。
2. 列车未出清站台被解锁的处理程序。
3. 列车在区间被解锁的处理程序。
4. 乘客按压列车紧急呼叫按钮的处理程序。

实践指导

1. 实训场地、设备及人员安排

(1) 场地、工具准备：城轨站务综合实训室、客服中心模拟台。

(2) 人员安排：学生按车站分组，安排车站值班站长 1 人，行车值班员 1 人，客运值班员 1 人，站务员站台和站厅巡视岗各 1 人、站务员客服中心岗 1 人。

2. 实践要求

任务实施前认真阅读教材《城轨客运组织》第 223 页～224 页中有关“紧急解锁手柄或呼叫按钮被拉/按下的处理”部分内容，编写并提交任务实施脚本、任务实施视频资料。整个任务中要包含下列内容：

(1) 列车在站台被解锁的处理程序。

(2) 列车未出清站台被解锁的处理程序。

(3) 列车在区间被解锁的处理程序。

(4) 乘客按压列车紧急呼叫按钮的处理程序。

任务六　车站水灾(水淹)和线路积水(区间水淹)处理

【学生工作页】　(8–6)

<table>
<tr><td>班级：</td><td>学号：</td><td>姓名：</td><td>小组：</td></tr>
<tr><td>学习性工作任务</td><td colspan="3">8.6　车站水灾(水淹)和线路积水(区间水淹)处理</td></tr>
<tr><td>实践性工作任务</td><td colspan="2">分岗位模拟演练各种水灾处理流程</td><td>参考学时：2</td></tr>
<tr><td colspan="4">【知识技能要求】
1. 掌握车站水灾(水淹)处理的方法。
2. 能够及时处理车站水灾(水淹)。
3. 能够及时处理线路积水(区间水淹)。</td></tr>
<tr><td>资讯：任务准备阶段</td><td colspan="3">【引导文】
1. 车站水灾(水淹)的现场应急处理流程是？</td></tr>
</table>

资讯：任务准备阶段	2. 线路积水(区间水淹)的现场应急处理程序是?

<table>
<tr><td rowspan="3">计划与决策：</td><td rowspan="3">任务实施方案制定阶段</td><td>查阅资料
获取信息</td><td>1. 复习《城市轨道交通概论》中与客运相关的章节内容。
2. 参考《城市轨道交通客运组织》(机械工业出版社，裴瑞江)中的相关内容。
3. 浏览郑州、广州、上海地铁等网站，了解各城市地铁公司针对车站水灾和线路积水的应急措施。</td></tr>
<tr><td>教师指导
任务要点</td><td>1. 通过“引导文”学习本任务应掌握的知识要点。
2. 指导学生分角色模拟演练水灾处理流程。</td></tr>
<tr><td>任务实施
方案制定</td><td></td></tr>
<tr><td rowspan="3" colspan="2">任务实施</td><td colspan="2">时间：　　　　　　　　地点：</td></tr>
<tr><td colspan="2">实施要点：</td></tr>
<tr><td colspan="2">实施过程记录另附。</td></tr>
<tr><td colspan="2">评价</td><td colspan="2">通过个人工作页的完成质量，结合小组代表成果展示，完成本次工作任务的检查与评价。
自评分数：
组内互评：
<table>
<tr><td>评价人</td><td>组员一</td><td>组员二</td><td>组员三</td><td>组员四</td><td>组员五</td><td>组员六</td><td>组员七</td><td>组员八</td><td>总评</td></tr>
<tr><td>得分</td><td></td><td></td><td></td><td></td><td></td><td></td><td></td><td></td><td></td></tr>
</table>
小组互评：
<table>
<tr><td>组名</td><td>第一组</td><td>第二组</td><td>第三组</td><td>第四组</td><td>第五组</td><td>第六组</td><td>第七组</td></tr>
<tr><td>得分</td><td></td><td></td><td></td><td></td><td></td><td></td><td></td></tr>
<tr><td>组名</td><td>第八组</td><td>第九组</td><td>第十组</td><td>第十一组</td><td>第十二组</td><td>第十三组</td><td>第十四组</td></tr>
<tr><td>得分</td><td></td><td></td><td></td><td></td><td></td><td></td><td></td></tr>
</table>
个人总评：</td></tr>
</table>

【任务实践指导】　模拟演练车站水灾(水淹)和线路积水(区间水淹)处理流程

任务描述

1. 分岗位模拟演练车站站外水害处理流程。
2. 分岗位模拟演练站内管道漏水处理流程。
3. 分岗位模拟演练站内正线积水现场应急处理流程。
4. 分岗位模拟演练区间水淹时的应急处理流程。

职业岗位

站务员、车站值班员、值班站长、地铁公司相关管理人员等应掌握此任务。

实践指导

1. 实训场地、设备及人员安排

(1) 场地、工具准备：教室、站务综合实训室。
(2) 人员安排：学生按人数分为 6 ~ 8 人一组。

2. 实践考核

现场演练打分。

任务七　车站全部进/出站闸机故障的处理

【学生工作页】　(8–7)

<table>
<tr><td>班级：</td><td>学号：</td><td>姓名：</td><td>小组：</td></tr>
<tr><td>学习性工作任务</td><td colspan="3">8.7　车站全部进/出站闸机故障的处理</td></tr>
<tr><td>实践性工作任务</td><td colspan="2">分岗位模拟演练进/出站闸机故障的处理程序</td><td>参考学时：2</td></tr>
<tr><td colspan="4">【知识技能要求】
1. 熟悉车站全部进站闸机故障处理的方法。
2. 熟悉车站全部出站闸机故障处理的方法。
3. 能够及时处理车站全部进站闸机故障。
4. 能够及时处理车站全部出站闸机故障。</td></tr>
<tr><td>资讯：任务准备阶段</td><td colspan="3">【引导文】
1. 车站全部进站闸机故障如何处理？

2. 车站全部出站闸机故障如何处理？</td></tr>
</table>

<table>
<tr><td>资讯：任务准备阶段</td><td colspan="3"></td></tr>
<tr><td rowspan="3">计划与决策：任务实施方案制定阶段</td><td>查阅资料获取信息</td><td colspan="2">1. 复习《城市轨道交通概论》中与客运相关的章节内容。
2. 参考《城市轨道交通客运组织》(机械工业出版社，裴瑞江)中的相关内容。
3. 浏览郑州、广州、上海地铁等网站，了解各城市地铁公司针对车站进/出闸机故障的处理措施。</td></tr>
<tr><td>教师指导任务要点</td><td colspan="2">1. 通过“引导文”学习本任务应掌握的知识要点。
2. 指导学生分角色模拟演练进/出站闸机故障的处理流程。</td></tr>
<tr><td>任务实施方案制定</td><td colspan="2"></td></tr>
<tr><td rowspan="3">任务实施</td><td colspan="2">时间：</td><td>地点：</td></tr>
<tr><td colspan="3">实施要点：</td></tr>
<tr><td colspan="3">实施过程记录另附。</td></tr>
<tr><td>评价</td><td colspan="3">通过个人工作页的完成质量，结合小组代表成果展示，完成本次工作任务的检查与评价。
自评分数：
组内互评：</td></tr>
</table>

评价人	组员一	组员二	组员三	组员四	组员五	组员六	组员七	组员八	总评
得分									

小组互评：

组名	第一组	第二组	第三组	第四组	第五组	第六组	第七组
得分							
组名	第八组	第九组	第十组	第十一组	第十二组	第十三组	第十四组
得分							

个人总评：

【任务实践指导】　模拟演练车站全部进/出站闸机故障的处理流程

任务描述

1. 分岗位模拟演练车站进站闸机能力不足时的处理流程。
2. 分岗位模拟演练车站全部进站闸机故障时的处理流程。
3. 分岗位模拟演练车站出站闸机能力不足时的处理流程。
4. 分岗位模拟演练车站全部出站闸机故障时的处理流程。

职业岗位

站务员、车站值班员、值班站长、地铁公司相关管理人员等应掌握此任务。

实践指导

1. 实训场地、设备及人员安排

(1) 场地、工具准备：教室、站务综合实训室。

(2) 人员安排：学生按人数分为 6～8 人一组。

2. 实践考核

现场演练打分。

任务八　车站全部自动售票机故障的处理

【学生工作页】　(8–8)

<table>
<tr><td>班级：</td><td>学号：</td><td>姓名：</td><td>小组：</td></tr>
<tr><td>学习性工作任务</td><td colspan="3">8.8　车站全部自动售票机故障的处理</td></tr>
<tr><td>实践性工作任务</td><td colspan="2">分岗位模拟演练自动售票机故障的处理程序</td><td>参考学时：2</td></tr>
<tr><td colspan="4">【知识技能要求】
1. 掌握车站全部自动售票机故障处理的方法。
2. 能够及时处理车站自动售票机故障。</td></tr>
<tr><td>资讯：任务准备阶段</td><td colspan="3">【引导文】
1. 车站自动售票机(TVM)全部故障或能力不足时的票务处理方法是？

2. 车站自动售票机(TVM)全部出现故障时，各岗位人员如何行动？</td></tr>
</table>

资讯：任务准备阶段	

<table>
<tr><td rowspan="3">计划与决策：</td><td rowspan="3">任务实施方案制定阶段</td><td>查阅资料
获取信息</td><td colspan="2">1. 复习《城市轨道交通概论》中与客运相关的章节内容。
2. 参考《城市轨道交通客运组织》(机械工业出版社，裴瑞江)中的相关内容。
3. 浏览郑州、广州、上海地铁等网站，了解各城市地铁公司针对全部自动售票机出故障时的处理措施。</td></tr>
<tr><td>教师指导
任务要点</td><td colspan="2">1. 通过“引导文”学习本任务应掌握的知识要点。
2. 指导学生分岗位模拟演练自动售票机全部故障的处理流程。</td></tr>
<tr><td>任务实施
方案制定</td><td colspan="2"></td></tr>
<tr><td colspan="2" rowspan="3">任务实施</td><td colspan="2">时间：</td><td>地点：</td></tr>
<tr><td colspan="3">实施要点：</td></tr>
<tr><td colspan="3">实施过程记录另附。</td></tr>
<tr><td colspan="2">评价</td><td colspan="3">通过个人工作页的完成质量，结合小组代表成果展示，完成本次工作任务的检查与评价。
自评分数：
组内互评：
<table>
<tr><td>评价人</td><td>组员一</td><td>组员二</td><td>组员三</td><td>组员四</td><td>组员五</td><td>组员六</td><td>组员七</td><td>组员八</td><td>总评</td></tr>
<tr><td>得分</td><td></td><td></td><td></td><td></td><td></td><td></td><td></td><td></td><td></td></tr>
</table>
小组互评：
<table>
<tr><td>组名</td><td>第一组</td><td>第二组</td><td>第三组</td><td>第四组</td><td>第五组</td><td>第六组</td><td>第七组</td></tr>
<tr><td>得分</td><td></td><td></td><td></td><td></td><td></td><td></td><td></td></tr>
<tr><td>组名</td><td>第八组</td><td>第九组</td><td>第十组</td><td>第十一组</td><td>第十二组</td><td>第十三组</td><td>第十四组</td></tr>
<tr><td>得分</td><td></td><td></td><td></td><td></td><td></td><td></td><td></td></tr>
</table>
个人总评：</td></tr>
</table>

【任务实践指导】　模拟演练自动售票机故障的处理流程

任务描述

1. 分岗位模拟演练车站自动售票机能力不足时的处理流程。
2. 分岗位模拟演练车站自动售票机全部故障的处理流程。

职业岗位

站务员、车站值班员、值班站长、地铁公司相关管理人员等应掌握此任务。

实践指导

1. 实训场地、设备及人员安排

(1) 场地、工具准备：教室、站务综合实训室。

(2) 人员安排：学生按人数分为 6 ~ 8 人一组。

2. 实践考核

根据各岗位行动指引，现场演练打分。

任务九　城轨车站全站停电的处理

【学生工作页】　(8–9)

<table>
<tr><td>班级：</td><td>学号：</td><td>姓名：</td><td>小组：</td></tr>
<tr><td>学习性工作任务</td><td colspan="3">8.9　车站全站停电的处理</td></tr>
<tr><td>实践性工作任务</td><td colspan="2">分岗位模拟演练车站全站停电的处理流程</td><td>参考学时：2</td></tr>
<tr><td colspan="4">【知识技能要求】
1. 掌握全站停电处理的方法。
2. 能够及时处理全站停电情况。</td></tr>
<tr><td>资讯：任务准备阶段</td><td colspan="3">【引导文】
1. 车站停电时的客运组织程序是？</td></tr>
</table>

资讯：任务准备阶段	2. 车站突然停电时，各岗位人员如何行动？

<table>
<tr><td rowspan="3">计划与决策：任务实施方案制定阶段</td><td>查阅资料
获取信息</td><td colspan="2">1. 复习《城市轨道交通概论》中与客运相关的章节内容。
2. 参考《城市轨道交通客运组织》(机械工业出版社，裴瑞江)中的相关内容。
3. 浏览郑州、广州、上海地铁等网站，了解各城市地铁在车站全站停电时的应急处理措施。</td></tr>
<tr><td>教师指导
任务要点</td><td colspan="2">1. 通过“引导文”学习本任务应掌握的知识要点。
2. 指导学生分岗位模拟演练车站突然停电时的应急处理流程。</td></tr>
<tr><td>任务实施
方案制定</td><td colspan="2"></td></tr>
<tr><td rowspan="3">任务实施</td><td colspan="2">时间：</td><td>地点：</td></tr>
<tr><td colspan="3">实施要点：</td></tr>
<tr><td colspan="3">实施过程记录另附</td></tr>
<tr><td>评价</td><td colspan="3">通过个人工作页的完成质量，结合小组代表成果展示，完成本次工作任务的检查与评价。
自评分数：
组内互评：
（见下表）
小组互评：
（见下表）
个人总评：</td></tr>
</table>

组内互评：

评价人	组员一	组员二	组员三	组员四	组员五	组员六	组员七	组员八	总评
得分									

小组互评：

组名	第一组	第二组	第三组	第四组	第五组	第六组	第七组
得分							
组名	第八组	第九组	第十组	第十一组	第十二组	第十三组	第十四组
得分							

【任务实践指导】　模拟演练车站全站停电时的处理流程

任务描述

分岗位模拟演练车站全站停电时的应急处理流程。

职业岗位

站务员、车站值班员、值班站长、地铁公司相关管理人员等应掌握此任务。

实践指导

1. 实训场地、设备及人员安排

(1) 场地、工具准备：教室、站务综合实训室。
(2) 人员安排：学生按人数分为 6～8 人一组。

2. 实践考核

根据各岗位行动指引，现场演练打分。

任务十　城轨交通火灾的处理

【学生工作页】　(8–10)

<table>
<tr><td>班级：</td><td>学号：</td><td>姓名：</td><td>小组：</td></tr>
<tr><td>学习性工作任务</td><td colspan="3">8.10　城轨交通火灾的处理</td></tr>
<tr><td>实践性工作任务</td><td colspan="2">分岗位模拟演练车站火灾的处理流程</td><td>参考学时：2</td></tr>
<tr><td colspan="4">【知识技能要求】
1. 熟练掌握城轨交通火灾的处理方法。
2. 能够及时处理城轨交通火灾。</td></tr>
<tr><td>资讯：任务准备阶段</td><td colspan="3">【引导文】
1. 城轨交通火灾的概念？

2. 城轨交通火灾的处置原则？

3. 城轨交通车站火灾的处置方案？</td></tr>
</table>

资讯：任务准备阶段

资讯：任务准备阶段	4. 区间发生火灾的处置方案(列车无法继续运行)?

<table>
<tr><td>资讯：任务准备阶段</td><td colspan="3"></td></tr>
<tr><td rowspan="3">计划与决策：任务实施方案制定阶段</td><td>查阅资料获取信息</td><td colspan="2">1. 复习《城市轨道交通概论》中与客运相关的章节内容。
2. 参考《城市轨道交通客运组织》(机械工业出版社，裴瑞江)中的相关内容。
3. 浏览郑州、广州、上海地铁等网站，了解各城市地铁公司针对轨道交通火灾的应对措施。</td></tr>
<tr><td>教师指导任务要点</td><td colspan="2">1. 通过“引导文”学习本任务应掌握的知识要点。
2. 指导学生分岗位模拟演练车站或区间发生火灾时的应急处理流程。</td></tr>
<tr><td>任务实施方案制定</td><td colspan="2"></td></tr>
<tr><td rowspan="3">任务实施</td><td colspan="2">时间：</td><td>地点：</td></tr>
<tr><td colspan="3">实施要点：</td></tr>
<tr><td colspan="3">实施过程记录另附。</td></tr>
</table>

评价

通过个人工作页的完成质量，结合小组代表成果展示，完成本次工作任务的检查与评价。

自评分数：

组内互评：

评价人	组员一	组员二	组员三	组员四	组员五	组员六	组员七	组员八	总评
得分									

小组互评：

组名	第一组	第二组	第三组	第四组	第五组	第六组	第七组
得分							
组名	第八组	第九组	第十组	第十一组	第十二组	第十三组	第十四组
得分							

个人总评：

【任务实践指导】　模拟演练城轨交通火灾的处理流程

任务描述

1. 分岗位模拟演练车站站厅发生火灾的应急处理流程。
2. 分岗位模拟演练车站站台发生火灾的应急处理流程。
3. 分岗位模拟演练车站设备区发生火灾的应急处理流程。
4. 分岗位模拟演练车站气体保护房间发生火灾的应急处理流程。
5. 分岗位模拟演练到站列车发生火灾的应急处理流程。
6. 分岗位模拟演练列车在区间发生火灾(列车可继续运行)的应急处理流程。
7. 分岗位模拟演练列车在区间发生火灾(列车无法继续运行)的应急处理流程。

职业岗位

站务员、车站值班员、值班站长、地铁公司相关管理人员等应掌握此任务。

实践指导

1. 实训场地、设备及人员安排

(1) 场地、工具准备：教室、站务综合实训室。

(2) 人员安排：学生按人数分为 6 ~ 8 人一组。

2. 实践考核

根据各岗位行动指引，现场演练打分。

参考文献

[1] 刘莉娜. 城市轨道交通客运组织[M]. 2 版. 北京：人民交通出版社，2012.
[2] 朱小瑶，朱海燕. 城市轨道交通客运组织[M]. 北京：中国铁道出版社，2009.
[3] 裴瑞江. 城市轨道交通客运组织[M]. 北京：机械工业出版社，2009.
[4] 仇海兵，刘莉娜. 城市轨道交通客运组织[M]. 北京：人民交通出版社，2010.
[5] 上海申通地铁集团有限公司轨道交通培训中心. 城市轨道交通车站客运服务[M]. 北京：中国铁道出版社，2010.
[6] 高蓉. 城市轨道交通客运服务[M]. 北京：人民交通出版社，2012.
[7] 申碧涛. 城市轨道交通客运服务[M]. 北京：中国铁道出版社，2012.